## ***ACCESO GRATIS** a la Lectura en la Nube*

Para visualizar el libro electrónico en la nube de lectura envíe junto a su nombre y apellidos una fotografía del código de barras situado en la contraportada del libro y otra del ticket de compra a la dirección:

AF606127

**ebooktirant@tirant.co**

En un máximo de 72 horas laborales le enviaremos el código de acceso con sus instrucciones.

La visualización del libro en **NUBE DE LECTURA** excluye los usos bibliotecarios y públicos que puedan poner el archivo electrónico a disposición de una comunidad de lectores. Se permite tan solo un uso individual y privado

# LA REGULACIÓN DE LA INDUSTRIA ELÉCTRICA EN MÉXICO

## Hacia un Estado Garante de la Energía Eléctrica

## COMITÉ CIENTÍFICO DE LA EDITORIAL TIRANT LO BLANCH

**María José Añón Roig**
*Catedrática de Filosofía del Derecho de la Universidad de Valencia*
**Ana Cañizares Laso**
*Catedrática de Derecho Civil de la Universidad de Málaga*
**Jorge A. Cerdio Herrán**
*Catedrático de Teoría y Filosofía del Derecho Instituto Tecnológico Autónomo de México*
**José Ramón Cossío Díaz**
*Ministro en retiro de la Suprema Corte de Justicia de la Nación y miembro de El Colegio Nacional*
**María Luisa Cuerda Arnau**
*Catedrática de Derecho Penal de la Universidad Jaume I de Castellón*
**Manuel Díaz Martínez**
*Catedrático de Derecho Procesal de la UNED*
**Carmen Domínguez Hidalgo**
*Catedrática de Derecho Civil de la Pontificia Universidad Católica de Chile*
**Eduardo Ferrer Mac-Gregor Poisot**
*Juez de la Corte Interamericana de Derechos Humanos Investigador del Instituto de Investigaciones Jurídicas de la UNAM*
**Owen Fiss**
*Catedrático emérito de Teoría del Derecho de la Universidad de Yale (EEUU)*
**José Antonio García-Cruces González**
*Catedrático de Derecho Mercantil de la UNED*
**José Luis González Cussac**
*Catedrático de Derecho Penal de la Universidad de Valencia*
**Luis López Guerra**
*Catedrático de Derecho Constitucional de la Universidad Carlos III de Madrid*
**Ángel M. López y López**
*Catedrático de Derecho Civil de la Universidad de Sevilla*
**Marta Lorente Sariñena**
*Catedrática de Historia del Derecho de la Universidad Autónoma de Madrid*
**Javier de Lucas Martín**
*Catedrático de Filosofía del Derecho y Filosofía Política de la Universidad de Valencia*
**Víctor Moreno Catena**
*Catedrático de Derecho Procesal de la Universidad Carlos III de Madrid*
**Francisco Muñoz Conde**
*Catedrático de Derecho Penal de la Universidad Pablo de Olavide de Sevilla*
**Angelika Nussberger**
*Catedrática de Derecho Constitucional e Internacional en la Universidad de Colonia (Alemania). Miembro de la Comisión de Venecia*
**Héctor Olasolo Alonso**
*Catedrático de Derecho Internacional de la Universidad del Rosario (Colombia) y Presidente del Instituto Ibero-Americano de La Haya (Holanda)*
**Luciano Parejo Alfonso**
*Catedrático de Derecho Administrativo de la Universidad Carlos III de Madrid*
**Consuelo Ramón Chornet**
*Catedrática de Derecho Internacional Público y Relaciones Internacionales de la Universidad de Valencia*
**Tomás Sala Franco**
*Catedrático de Derecho del Trabajo y de la Seguridad Social de la Universidad de Valencia*
**Ignacio Sancho Gargallo**
*Magistrado de la Sala Primera (Civil) del Tribunal Supremo de España*
**Elisa Speckman Guerra**
*Directora del Instituto de Investigaciones Históricas de la UNAM*
**Ruth Zimmerling**
*Catedrática de Ciencia Política de la Universidad de Mainz (Alemania)*

Fueron miembros de este Comité:
**Emilio Beltrán Sánchez, Rosario Valpuesta Fernández y Tomás S. Vives Antón**

Procedimiento de selección de originales, ver página web:
www.tirant.net/index.php/editorial/procedimiento-de-seleccion-de-originales

*Comité Editorial*

**Arely Gómez González**

**Mariano Azuela Güitrón**

**Alfonso Pérez Daza**

**Juan Pablo Pampillo Baliño**

**Luciano Parejo Alfonso**

**José Luis González Cussac**

*Director de la colección*

**Eber Omar Betanzos Torres**

# LA REGULACIÓN DE LA INDUSTRIA ELÉCTRICA EN MÉXICO

## Hacia un Estado Garante de la Energía Eléctrica

EBER OMAR BETANZOS TORRES
CARLOS ANTONIO MORALES ZEBADÚA

tirant lo blanch
Ciudad de México, 2026

Copyright ® 2026

Todos los derechos reservados. Ni la totalidad ni parte de este libro puede reproducirse o transmitirse por ningún procedimiento electrónico o mecánico, incluyendo fotocopia, grabación magnética, o cualquier almacenamiento de información y sistema de recuperación sin permiso escrito de los autores y del editor.

En caso de erratas y actualizaciones, la Editorial Tirant lo Blanch México publicará la pertinente corrección en la página web www.tirant.com/mex/

Este libro será publicado y distribuido internacionalmente en todos los países donde la Editorial Tirant lo Blanch esté presente.

© Eber Omar Betanzos Torres
Carlos Antonio Morales Zebadúa

© EDITA: TIRANT LO BLANCH
DISTRIBUYE: TIRANT LO BLANCH MÉXICO
Av. Tamaulipas 150, Oficina 502
Hipódromo, Cuauhtémoc, 06100 Ciudad de México
Telf: +52 1 55 65502317
infomex@tirant.com
www.tirant.com/mex/
www.tirant.es
ISBN: 979-13-7021-062-5
MAQUETA: Tink Factoría de Color

Si tiene alguna queja o sugerencia, envíenos un mail a: *atencioncliente@tirant.com*. En caso de no ser atendida su sugerencia, por favor, lea en *www.tirant.net/index.php/empresa/politicas-de-empresa* nuestro procedimiento de quejas.

Responsabilidad Social Corporativa: http://www.tirant.net/Docs/RSCTirant.pdf

# *Índice*

*Capítulo 4*
**LA SUPREMA CORTE DE JUSTICIA DE LA NACIÓN Y LA REFORMA A LA LEY DE LA INDUSTRIA ELÉCTRICA 2021**

# *Introducción*

Este trabajo pretende contribuir al entendimiento de la evolución de la Industria Eléctrica Nacional a partir del análisis jurídico. Las reformas tanto constitucionales como legales han sido parte importante del desarrollo de ésta. A partir del análisis podemos dilucidar la visión gubernamental ya sea de un Estado Rector o bien un Estado Regulador, si bien lo ideal consideramos debería ser un Estado Garante de la Energía Eléctrica por la relación de la energía con la satisfacción de diversos derechos humanos.

En el primer capítulo se hace un recorrido histórico desde los inicios de la Industria Eléctrica Nacional que comenzó en manos de particulares extranjeros y la legislación que en ese momento se impulsó a fin de facilitar el crecimiento de la industria con el beneficio correspondiente a la electrificación nacional. Se analiza el proceso de nacionalización de la industria eléctrica y las posteriores reformas en la década de los noventa en dos sexenios distintos. Es motivo de análisis también en este primer capítulo las reformas tanto al reglamento a principios de la primera década del siglo XXI como las reformas constitucionales de 2013 y las legales de 2019, hasta llegar a las reformas constitucionales de 2024 y legales de 2025.

En el segundo capítulo se trata de construir un concepto de Soberanía Energética el cual no tiene un asidero legal ni constitucional, pero a partir de criterios que guían a la industria eléctrica nacional, así como de lecturas se busca conceptualizarlo para que sea operativo, es de señalar que este concepto no es unívoco y que podría haber diversas interpretaciones de lo que significa la Soberanía Energética.

En el tercer capítulo se desarrolla lo referente a la evolución que ha tenido el sector energético desde el Monopolio del Estado, El Estado Regulador hacia lo que ahora consideramos podría ser el Estado Garante de la Energía eléctrica, ya que en la Reforma Constitucional de 2024 se definen conceptos como la Justicia Energética y la Pobreza Energética. En este mismo capítulo se explica de manera general la reforma de 2013 y las instituciones que se crearon para que el Estado Mexicano hiciera frente a esos cambios constitucionales, en este punto consideramos existió una transición de la Rectoría del Estado al Estado Regulador. Este concepto de Estado Regulador incluso dio margen a jurisprudencia de la Suprema Corte de Justicia de la Nación a partir de un entendimiento de lo que significó la reforma constitucional de 2013. Finalmente llegamos a la Reforma de 2024 donde nuevamente el Estado toma la rectoría de los sectores energéticos y tiene preponderancia en la generación de la energía eléctrica, de igual forma es un Estado que encabezará la transición hacía energías limpias.

En el cuarto y último capítulo estudiamos el proyecto de sentencia de la acción de inconstitucionalidad 64/2021 a fin de examinar las conclusiones de la Suprema Corte de Justicia de la Nación al examinar el Decreto publicado en el Diario Oficial de la Federación el 9 de marzo de 2021, se aclara que no se entra al estudio de todos los puntos analizados por el Máximo Tribunal ya que eso podría ser motivo de un trabajo más extenso por esa razón nos centramos en los puntos validados por el Tribunal en Pleno de la Suprema Corte de Justicia de la Nación en el estudio de esta acción de inconstitucionalidad.

*Capítulo 1*

# *Regulación de la Industria Eléctrica en México*

La regulación de la Industria Eléctrica en nuestro país comenzó en las postrimerías del siglo XIX, la evolución que tuvo en el siglo XX no fue uniforme aun cuando durante mucho tiempo un solo partido gobernó y esto facilitaba las reformas constitucionales y legales así como los planes de desarrollo, no obstante esto, las diferencias entre las posiciones de las primeras décadas de ese siglo contrastaron con los ajustes legislativos realizados a finales de este.

La orientación de las reformas tanto constitucionales como legislativas nos dan una idea de la visión del Gobierno en turno, así como del avance la legislación en materia del derecho procesal constitucional de nuestro país, ya que existieron momentos en los cuales los medios de control constitucional no eran los adecuados para impugnar una norma general ya fuera ésta de carácter legislativo o reglamentaria, así también podemos ver la evolución de la Suprema Corte de Justicia de la Nación al estudiar asuntos de su competencia en materia energética en particular la relacionada con la energía eléctrica.

## 1.1. BREVE ANTECEDENTE DE LA INDUSTRIA ELÉCTRICA EN MÉXICO

La industria eléctrica en México tiene su surgimiento durante el período de Gobierno del General Porfirio Diaz[1] quien atrajo inversión extranjera a finales del siglo XIX. Entre 1877 y 1911 durante la

---

1 Parra, Alma L. Los orígenes de la industria eléctrica en México: las compañías británicas de electricidad (1900-1929) disponible en https://www.estudioshistoricos.inah.gob.mx/revistaHistorias/wp-content/uploads/historias_19_139-158.pdf

presidencia de Díaz se dieron cambios constitucionales y legales[2] que permitieron la inversión extranjera o bien permitían invertir y explotar áreas que antes se decretaban solo para explotación del Estado Mexicano, nos referimos a la ley de promoción de nuevas industrias de 1873, instrumento jurídico que permitió que la maquinaria importada no pagara impuestos, así como al código minero de 1884 que permitía que quienes explotaran el subsuelo serían propietarios de lo extraído incluyendo minerales y combustibles, siempre y cuando tuvieran la concesión de propiedad.

El auge industrial tuvo como consecuencia una demanda creciente de energía eléctrica, se señala que los primeros usos de la energía eléctrica fueron en la industria textil ya que la primer central termoeléctrica se instaló en León, Guanajuato en 1879[3] para dotar de energía a la fábrica "La Americana" posteriormente la industria minera en específico en la mina Batopilas ubicada en Chihuahua[4] en el año 1899 utilizó energía eléctrica para la explotación de la misma. En cuanto a la expansión de la industria eléctrica el capital británico fue el que más invirtió destacándose el empresario Weetman Dickinson Pearson, conocido por su título Lord Cowdray[5].

Es así como la inversión extranjera creció, ya sea como resultado de reformas legales o bien por el restablecimiento de relaciones diplomáticas como fue el caso de México y el Reino Unido[6]. En ese

---

2 Ídem

3 Vid. https://www.cfe.mx/nuestraempresa/pages/historia.aspx#:~:text=La%20primera%20planta%20generadora%20que,f%C3%A1brica%20textil%20%22La%20Americana%22.

4 Cfr. Silva Guzmán, Teresa. LA COMPAÑÍA EXPLOTADORA DE LAS FUERZAS HIDROELÉCTRICAS DE SAN ILDEFONSO: UNA EMPRESA ABASTECEDORA DE LUZ ELÉCTRICA EN LA CIUDAD DE MÉXICO Y SUS ALREDEDORES (1900-1906). Tesis para obtener la licenciatura en Historia 2021. Universidad Nacional Autónoma de México, Facultad de Filosofía y Letras. Colegio de Historia. Disponible en https://biblioteca.cemla.org/cgi-bin/koha/opac-detail.pl?biblionumber=25590%20thumbnail-shelfbrowser

5 Ibidem, p.142

6 Cfr. Parra, Alma L. Los orígenes de la industria eléctrica en México: las compañías británicas de electricidad (1900-1929) disponible en https://www.

mismo período países como Estados Unidos, Alemania, Francia, Holanda y Canadá también consolidaron negocios en México[7].

El auge de la industria eléctrica fue tal que la compañía The Mexican Light and Power Company, Limited (MLPCL), operadora de la Hidroeléctrica Necaxa fue considerada de las más importantes a nivel mundial, ya que la mencionada hidroeléctrica era la 2 presa más grande del planeta[8].

Con el inicio de la Revolución Mexicana en 1910, la renuncia del Presidente Díaz, la asunción y derrocamiento de Madero se vivieron tiempos convulsos en la República Mexicana pero estos hechos no impactaron en la compañía que se consolidó a mediados del siglo XX como una de las más importante del país.

El avance de la electrificación del país vino acompañado del incremento de los costos en lugares remotos mientras que en las ciudades que concentraban mayor número de habitantes, los costos eran menores.

Los costos de generación y transmisión detenían la inversión para electrificar lugares donde propiamente no supondría un negocio para los inversionistas de la industria eléctrica, además se buscó evitar la fuga de divisas por los dividendos cobrados por los inversionistas, todo esto llevó a la nacionalización de la Industria Eléctrica, así se explica el trabajo realizado por la Comisión Federal de Electricidad ante el Consejo Económico y Social de las Naciones Unidas en 1961[9]:

> También es consecuencia de la fijación de tarifas al tenor de los costos de cada sistema, el hecho de que cuanto más elevados sean estos,

---

estudioshistoricos.inah.gob.mx/revistaHistorias/wp-content/uploads/historias_19_139-158.pdf página 141

7 Ídem

8 Ramos Lara, María de la Paz. LA COMPAÑÍA MEXICAN LIGHT AND POWER COMPANY LIMITED DURANTE LA REVOLUCIÓN MEXICANA. Disponible en https://www.ub.edu/geocrit/Electr-y-territorio/PazRamos.pdf. Página 9.

9 Comisión Federal de Electricidad. La Nacionalización de la Industria Eléctrica en México. 1961, p. 17 disponible en https://repositorio.cepal.org/server/api/core/bitstreams/a294fb6b-3bb9-413b-8a3b-263ef0744a40/content

> mayores serán los niveles tarifarios. Y como los sistemas pequeños, de mayor costo de inversión y operación, atienden poblaciones de reducidos habitantes y, por consiguiente, de bajos ingresos, las tarifas más altas en el país se aplicaban en las zonas más pobres. Además, de los obstáculos citados provenientes de la organización híbrida de la industria eléctrica —empresas privadas y públicas— otros aspectos más preocupaban también al Gobierno Mexicano: Las inversiones de las empresas privadas se habían convertido en insignificantes frente a las que requería el desarrollo del país y que venían siendo efectuadas por el sector público. Fue frecuentemente el otorgamiento del aval del Gobierno en los créditos que obtenían las empresas y era el pueblo, en última instancia, quien, a través del pago-de la energía consumida, cubría los intereses y amortización de los mismos. La fuga de divisas por pago de dividendos a los accionistas extranjeros podía y debía evitarse en beneficio del pueblo. Estas consideraciones y otras, tal vez importantes, que pueden haberse omitido, no dejaban otra alternativa al Gobierno de México que nacionalizar la industria eléctrica en la forma prudente en que la consumó, para poder planear libremente su desarrollo en bien tan esencial sin presiones de ninguna índole, conforme a su capacidad financiera al ritmo del desenvolvimiento económico del país y con un claro sentido de justicia social.

La nacionalización de la industria eléctrica fue por un camino distinto a la petrolera, ya que se optó por la compra de las acciones de las empresas privadas eléctricas[10], posteriormente el entonces Presidente Adolfo López Mateos en su informe de Gobierno del día 1 de septiembre de 1960 hizo saber que se había concluido con la compra de las acciones de las empresas privadas eléctricas[11], así en su discurso manifestó[12] entre otras cosas que la nacionalización de la industria

---

[10] Vid. Ovalle Favela, José. LA NACIONALIZACIÓN DE LAS INDUSTRIAS PETROLERA Y ELÉCTRICA. Boletín Mexicano de Derecho Comparado, nueva serie, año XL, núm. 118, enero-abril de 2007, p. 188

[11] Ídem

[12] COMPATRIOTAS:
Al tomar posesión la nación mexicana de la Compañía de Luz, se consuma un largo esfuerzo desarrollado por el pueblo de México para tener en sus manos la energía eléctrica que en el país se produce por manos de mexicanos.
La nacionalización de la energía eléctrica es una meta alcanzada por el pueblo en el camino de la Revolución. Siempre hemos sostenido que alcanzar una meta debe ser punto de partida para más importantes realizaciones, y ahora invitamos al pueblo de México a que, en posesión de su energía

eléctrica era un esfuerzo del pueblo de México que seguía el camino de la Revolución, de igual forma dijo que los beneficios se llevarían a todos los hogares así como a la industrialización.

La Comisión Federal de Electricidad (CFE) surge en 1937 y hasta 1960 mantuvo operaciones a la par de 2 compañías privadas, estos años de experiencia permitieron que CFE pudiera operar el Sistema Eléctrico Nacional sin mayor contratiempo cuando se nacionalizó la industria eléctrica[13].

A la compra de las acciones y el anuncio a la Nación de la adquisición de la industria eléctrica, le siguió una reforma constitucional al artículo 27 que tuvo como finalidad la reserva a la nación de la generación, conducción, transformación, distribución y abastecimiento de energía eléctrica que tenga por objeto la prestación de servicio

---

eléctrica, acreciente su industrialización para llevar a los hogares de todos, los beneficios de la energía eléctrica y los de la industrialización.
Hemos de velar todos porque la industria eléctrica en México se maneje con la mayor limpieza, para que todos sus beneficios sean para el pueblo y sólo para el pueblo. Y todos estaremos atentos y vigilantes para señalar con índice de fuego y para castigar en forma adecuada a quienes falten a la lealtad que deben a la patria y al pueblo.
No habrá en la industria eléctrica ni merinos ni ladrones, porque contamos no sólo con la energía del gobierno, que habremos de poner en juego, sino con la lealtad de los trabajadores electricistas, que habrán de ser soldados permanentes en la vigilancia de los intereses del pueblo.
Confiamos en su esfuerzo y en su patriotismo para responderle a México que su industria eléctrica se manejará bien, en beneficio del país; honestamente, en beneficio del pueblo; esforzadamente, en beneficio de México.
Y en esta ocasión en que se cumple una etapa más, podemos afirmar: México es cada día más soberano, cada día más libre, cada día más independiente, por el esfuerzo de ustedes, por el esfuerzo de todos los mexicanos.
¡Adelante... México es nuestro!

13 Cfr. Jiménez Domínguez, Rolando y Navarro Chávez José. La reforma del sector eléctrico mexicano y el modelo británico: ideas para un debate disponible en https://www.mundosigloxxi.ipn.mx/pdf/v03/10/05.pdf

público[14]. En la exposición de motivos López Mateos expresó lo siguiente[15]:

> "La prestación del servicio público de abastecimiento de energía eléctrica, comprendiendo la generación, transformación y distribución —expresé en mi Informe— así como las demás operaciones o actividades industriales o comerciales de que la misma puede ser objeto requieren, como en el caso del petróleo y de los carburos de hidrógeno sólidos, líquidos o gaseosos, ser realizados directamente por el Estado, a través de los órganos competentes, ya que México ha sostenido tradicionalmente la tesis de que los recursos naturales y las fuentes de energía básicas, han de estar al servicio de la colectividad y de la elevación de los niveles de vida del pueblo mexicano.
> "Para garantizar la efectiva realización de este propósito de que la generación, transformación, distribución y abastecimiento de energía eléctrica debe sustentarse en razones de beneficio social y no en motivos de interés particular...".

Al constitucionalizar que el Estado se haría cargo de la generación, transformación y distribución de la energía eléctrica se cerraba las puertas a la inversión extranjera, se erigía el monopolio estatal que comprendería tanto la Comisión Federal de electricidad como Luz y Fuerza del Centro. Así el 29 de diciembre de 1960 se publicaba en el *Diario Oficial* de la Federación la reforma constitucional por la cual le correspondía al Estado Mexicano la generación, transformación, distribución y abastecimiento de energía eléctrica[16].

En 1983 mientras que Margaret Thatcher era la Primer Ministra de Reino Unido y Ronald Reagan presidente de los Estados Unidos, ambos simpatizantes de disminuir la presencia del Estado y de quitar reglas para la inversión, en México se presentaba una iniciativa de Reforma Constitucional a los artículos 25, 27 y 28 impulsada por el

---

[14] Ob cit. Ovalle Favela, José. LA NACIONALIZACIÓN DE LAS INDUSTRIAS PETROLERA Y ELÉCTRICA. Boletín Mexicano de Derecho Comparado, nueva serie, año XL, núm. 118, enero-abril de 2007, p. 188

[15] Vid https://www.diputados.gob.mx/bibliot/publica/inveyana/polint/cua1/expomoti.htm

[16] Vid https://www.diputados.gob.mx/LeyesBiblio/ref/dof/CPEUM_ref_057_29dic60_ima.pdf Nota: el 7 de enero de 1961 se hacía una fe de erratas para modificar "general" por generar. https://www.diputados.gob.mx/LeyesBiblio/ref/dof/CPEUM_fe_ref_057_07ene61_ima.pdf

Presidente Miguel de la Madrid Hurtado, esta reforma constitucionaliza la rectoría del desarrollo de la Nación y los sectores estratégicos donde solo el Estado podría intervenir, así lo indica en la exposición de motivos[17]:

> "El Ejecutivo a mi cargo estima necesario adecuar, actualizar e incorporar los principios del desarrollo económico a la Constitución Política de los Estados Unidos Mexicanos, los cuales quedarían contenidos en los artículos 25, 26, 27 y 28 de la Constitución.
> "Para el sector público se establece que tendrá a su cargo exclusivo las áreas estratégicas que la Constitución especifica. Para fortalecer a la sociedad y lograr el mejor cumplimiento de los fines de los organismos descentralizados y empresas que se sitúan en las áreas estratégicas, se considera necesario que la ley defina formas de participación social en éstas, conservando el Estado en todo tiempo el control sobre la condición y operación de las mismas.
> "Se especifican las actividades que tendrá a su cargo el Estado, las cuales no serán sujetas a concesión. Con ello se delimita el ámbito exclusivo del sector público, y los alcances de la participación del Estado.
> "Se fundamenta la existencia de instituciones, organismos y empresas que requiere el Estado para su eficaz desempeño."

Esta fue la última Reforma Constitucional en materia de Energía Eléctrica del Siglo XX en la cual nuevamente se hizo constar la importancia de la industria de la energía eléctrica para el Estado Mexicano. Con esto el Estado tenía el control total sobre la industria de la energía eléctrica así lo prescribía el artículo 25 párrafo IV y 28 párrafo IV de la Constitución[18]:

> El sector público tendrá a su cargo, de manera exclusiva, las áreas estratégicas que señalan en el artículo 28, párrafo cuarto de la Constitución,manteniendo siempre el Gobierno Federal la propiedad y el control sobre los organismos que en su caso se establezcan.
> No constituirán monopolios las funciones que el Estado ejerza de manera exclusiva en las áreas estratégicas a las que se refiere este precepto: Acuñación de monedas; correos, telégrafos, radiotelegrafía y la comunicación vía satélite,; emisión de billetes por medio de un solo banco, organismo descentralizado del Gobierno Federal; petróleo y los demás hidrocarburos; petroquímica básica; minerales radioactivos

---

17 Cfr. https://www.diputados.gob.mx/bibliot/publica/inveyana/polint/cua1/expomoti.htm

18 Vid. https://www.diputados.gob.mx/LeyesBiblio/ref/dof/CPEUM_ref_102_03feb83_ima.pdf

y generación de energía nuclear; **electricidad**; ferrocarriles y las actividades que expresamente señalen las leyes que expida el Congreso de la Unión.
(resaltado propio)

## *Reformas a la Ley del Servicio Público de Energía Eléctrica 1992-1993*

En el sexenio de Carlos Salinas de Gortari se realizaron reformas legales que modificaron el monopolio del Estado en la generación de energía eléctrica, ya que bajo nuevas figuras que no se consideraron servicio público se autorizó la generación de energía y la compra de esta.

A la nacionalización de la Industria Eléctrica y asunción de la CFE como empresa monopólica de todos los ciclos de la energía, la expansión de la industria se financió hasta 1988 con recursos del gobierno federal, préstamos internacionales, créditos de proveedores y otras fuentes que no significaron cambios en la operación del sistema eléctrico nacional ni de su modelo de gestión[19]. Para el año 1989 las condiciones crediticias cambiaron con consecuencias en el modelo de gestión de la industria eléctrica, CFE se abrió a la inversión y se realizaron reformas a la Ley del Servicio Público de Energía Eléctrica para permitir la participación de particulares en la generación eléctrica[20].

En 1992 y 1993 se realizaron reformas a la Ley del Servicio Público de Energía Eléctrica. Así surgió la figura jurídica de autoabastecimiento y la cogeneración a la letra del artículo 3 de la reforma de 1992 de la ley[21] publicado en el *Diario Oficial de la Federación* el 23 de diciembre de 1992, indica lo siguiente:

---

19 Cfr. Jiménez Domínguez, Rolando y Navarro Chávez José. La reforma del sector eléctrico mexicano y el modelo británico: ideas para un debate disponible envhttps://www.mundosigloxxi.ipn.mx/pdf/v03/10/05.pdf

20 Cfr. Jiménez Domínguez, Rolando y Navarro Chávez José. La reforma del sector eléctrico mexicano y el modelo británico: ideas para un debate disponible envhttps://www.mundosigloxxi.ipn.mx/pdf/v03/10/05.pdf

21 Vid. https://www.diputados.gob.mx/LeyesBiblio/ref/dof/CPEUM_fe_ref_057_07ene61_ima.pdf

> No se considera servicio público: I.- La generación de energía eléctrica para autoabastecimiento, cogeneración o pequeña producción; II.- La generación de energía eléctrica que realicen los productores independientes para su venta a la Comisión Federal de Electricidad; III.- La generación de energía eléctrica para su exportación, derivada de cogeneración, producción independiente y pequeña producción; IV.- La importación de energía eléctrica por parte de personas físicas o morales, destinada exclusivamente al abastecimiento para usos propios; y V.- La generación de energía eléctrica destinada a uso en emergencias derivadas de interrupciones en el servicio público de energía eléctrica.

En el artículo 36 fracciones I y II de la ley se desarrollan las figuras de autoabastecimiento, cogeneración y producción independiente, si bien también surgen las figuras de la producción independiente, de pequeña producción o importación o exportación de energía eléctrica, se analizarán las dos primeras figuras[22] ya que éstas fueron motivo de una Controversia Constitucional en el año 2001.

---

[22] El texto del artículo 36 fracción I y II de la Ley del Servicio Público de Energía Eléctrica menciona lo siguiente:
De autoabastecimiento de energía eléctrica destinada a la satisfacción de necesidades propias de personas físicas o morales, siempre que no resulte inconveniente para el país a juicio de la Secretaría de Energía, Minas e Industria Paraestatal. Para el otorgamiento del permiso se estará a lo siguiente:

a) Cuando sean varios los solicitantes para fines de autoabastecimiento a partir de una central eléctrica, tendrán el carácter de copropietarios de la misma o constituirán al efecto una sociedad cuyo objeto sea la generación de energía eléctrica para satisfacción del conjunto de las necesidades de autoabastecimiento de sus socios. La sociedad permisionaria no podrá entregar energía eléctrica a terceras personas físicas o morales que no fueren socios de la misma al aprobarse el proyecto original que incluya planes de expansión, excepto cuando se autorice la cesión de derechos o la modificación de dichos planes; y
b) Que el solicitante ponga a disposición de la Comisión Federal de Electricidad sus excedentes de producción de energía eléctrica en los términos del artículo 36-Bis.

II. De cogeneración, para generar energía eléctrica producida conjuntamente con vapor u otro tipo de energía térmica secundaria, o ambos; cuando la energía térmica no aprovechada en los procesos se utilice para la producción directa o indirecta de energía eléctrica y siempre que, en cualesquiera de los casos:

En el caso del autoabastecimiento, la reforma a la ley indicó que varios solicitantes pueden ser copropietarios de una central eléctrica o formar una sociedad; sin embargo, no pueden vender energía a terceros que no sean socios al aprobarse el proyecto original que incluya planes de expansión a menos que se autorice la cesión de derechos o la modificación de dichos planes.

En cuanto a la cogeneración, la ley indicó que la electricidad generada debe satisfacer las necesidades de los establecimientos asociados y mejorar la eficiencia energética y económica, se permite que una persona ajena al permisionario opere los procesos de energía. Los excedentes de energía deben estar disponibles para la Comisión Federal de Electricidad en los términos del artículo 36-Bis de la ley.

El artículo 36 Bis en sus fracciones III y IV[23] regula la compra de energía eléctrica de la Comisión Federal de Electricidad a particulares bajo las modalidades señaladas en el artículo 36, así se señala que deberá aprovecharse en corto y largo plazo la producción eléctrica

---

a) La electricidad generada se destine a la satisfacción de las necesidades de establecimientos asociados a la cogeneración, siempre que se incrementen las eficiencias energética y económica de todo proceso y que la primera sea mayor que la obtenida en las plantas de generación convencionales. El permisionario puede no ser el operador de los procesos que den lugar a la cogeneración.

b) El solicitante se obligue a poner sus excedentes de producción de energía eléctrica a la disposición de la Comisión Federal de Electricidad, en los términos del artículo 36-Bis.

23 Artículo 36 Bis. Para la prestación del servicio público de energía eléctrica deberá aprovecharse tanto en el corto como en el largo plazo, la producción de energía eléctrica que resulta de menor costo para la Comisión Federal de Electricidad y que ofrezca, además, óptima estabilidad, calidad y seguridad del servicio público, a cuyo efecto se observará lo siguiente:
(…)
III. Para la adquisición de energía eléctrica que se destine al servicio público, deberá considerarse las que generen los particulares bajo cualesquiera de las modalidades reconocidas en el artículo 36 de esta Ley;
IV. Los términos y condiciones de los convenios por los que, en su caso, la Comisión Federal de Electricidad adquiera la energía eléctrica de los particulares, se ajustarán a lo que dispongan el Reglamento, considerando la firmeza de las entregas; y (…)

que resulte de menor costo para la Comisión Federal de Electricidad y se prescriben los principios que debe cumplir esta energía, además de la económica y estos son: óptima, estabilidad, calidad y seguridad en el servicio público. Las fracciones III y IV indican que se podrá adquirir energía eléctrica destinada al servicio público bajo cualquiera de las modalidades señaladas en el artículo 36, la fracción IV regula los términos y condiciones del convenio que en su caso celebre la Comisión Federal de Electricidad con particulares, convenios que se ajustarán al Reglamento de la ley.

En el año 1993 se reformó el artículo 45[24] de la ley para quedar como sigue:

> Los actos jurídicos que celebre la Comisión Federal de Electricidad se regirán por las Leyes Federales aplicables y las controversias nacionales en que sea parte, cualquiera que sea su naturaleza, serán de la competencia de los tribunales de la Federación, salvo acuerdo arbitral, quedando exceptuada de otorgar las garantías que los ordenamientos legales exijan a las partes, aun en los casos de controversias judiciales. La Comisión podrá convenir la aplicación del derecho extranjero, la jurisdicción de tribunales extranjeros en asuntos mercantiles y celebrar acuerdos arbitrales cuando así convenga al mejor cumplimiento de su objeto.

Esta reforma va en sintonía con la realizada en 1992, toda vez que al permitir que los particulares tengan la posibilidad de firmar contratos de compra-venta de energía existe un riesgo de que se den controversias judiciales por lo que se decidió que los juzgados federales fueran competentes y que a juicio de la Comisión Federal de Electricidad se decidiera a aplicar el derecho extranjero en asuntos mercantiles o bien acuerdos arbitrales siempre y cuando sea lo mejor para el cumplimiento de su objeto.

---

24 Cfr. http://legislacion.scjn.gob.mx/Buscador/Paginas/wfArticuladoFast.aspx?q=Gc42Yigwj2yC4G1XLO1RM7CLblLU/DqZPTnIvK9uLrClmHvM5e+BDbNnDY8Dt0NpzNi8kzXOOAWchKX80O3eYw==

## 1.2. REFORMA AL REGLAMENTO DE LA LEY DEL SERVICIO ELÉCTRICO DE 2001

En el año 2001 durante la Presidencia de Vicente Fox Quesada, se realizó una reforma al Reglamento de la Ley del Servicio de Energía Eléctrica, el 22 de mayo de 2001, publicado en el *Diario Oficial de la Federación* el veinticuatro del mismo mes y año. Esto motivó que los representantes del Congreso de la Unión promovieran una Controversia Constitucional ante la Suprema Corte de Justicia de la Nación. Es importante señalar que en 1995 la Corte había sido rediseñada y se le dio competencia en materia de Acción de Inconstitucionalidad y Controversias Constitucionales.

La Controversia Constitucional 22/2001 definiría si la expedición del Reglamento de la Ley del Servicio de Energía Eléctrica había invadido o no la esfera de competencia de otro poder constituido, así lo indicó en el Considerando Sexto[25] de la referida Controversia el Tribunal Pleno:

> Ahora bien, el cometido de este Alto Tribunal al resolver controversias constitucionales, cuando exista interés jurídico, consiste en preservar los dos principios que sustentan las relaciones jurídicas y políticas de los órdenes jurídicos parciales señalados con anterioridad, a saber, salvaguardar el federalismo y la supremacía constitucional, lo cual se logra a través de la determinación, en cada caso que se somete a su conocimiento, de si existe o no invasión a la esfera de atribuciones que la Carta Magna otorga o reserva para la parte actora, así como del análisis sobre cualquier tema que se vincule, de algún modo, con una violación a la Constitución, sea en su parte orgánica como en la dogmática.

En la demanda se impugnaron los artículos 126, párrafos segundo y tercero y 135, fracción II y párrafos antepenúltimo, penúltimo y último del Reglamento de la Ley del Servicio Público de Energía

---

25 SENTENCIA y votos concurrentes y de minoría, relativos a la Controversia Constitucional 22/2001, promovida por el Congreso de la Unión en contra del Presidente Constitucional de los Estados Unidos Mexicanos, del Secretario de Energía, de la Comisión Reguladora de Energía y del Secretario de Gobernación. Disponible en https://www.dof.gob.mx/nota_detalle.php?codigo=727597&fecha=03/06/2002

Eléctrica, reformados y adicionados mediante Decreto Presidencial publicado en el *Diario Oficial de la Federación* del veinticuatro de mayo de dos mil uno, ya que la parte demandada consideró que el Poder Ejecutivo Federal, a través de su Titular, el Presidente de la República invadió la esfera de competencia del Poder Legislativo Federal.

Los artículos impugnados regulaban aspectos sobre autoabastecimiento y cogeneración[26]: Por lo que el estudio contempló la natu-

---

[26] Artículo 126...
Los permisionarios que tengan excedentes de capacidad podrán poner a disposición de la Comisión la capacidad fuera de convocatoria, en los términos de la fracción II del artículo 135 y atendiendo a lo previsto en el artículo 124.
Para los efectos del párrafo anterior se entenderá por excedente la capacidad sobrante del permisionario una vez satisfechas sus necesidades.
"Artículo 135...
I. ...
II. Con los permisionarios de autoabastecimiento y cogeneración, conforme a las metodologías que expida la Secretaría, según la modalidad que se trate, la Comisión podrá celebrar convenios en los que se pacten compromisos de capacidad y adquisición de energía sujetos a las reglas de despacho, atendiéndose a lo siguiente:
a) Hasta por 20 MW cuando se trate de permisionarios de autoabastecimiento, siempre y cuando tengan una capacidad instalada total hasta de 40 MW;
b) Hasta con el cincuenta por ciento de su capacidad total cuando se trate de permisionarios de autoabastecimiento, siempre y cuando tengan una capacidad instalada total hasta de 40 MW, y
c) Hasta la totalidad de la producción excedente de los permisionarios de cogeneración.
El porcentaje que se establece en el inciso b) anterior podrá ser modificado por la Secretaría, conforme a las necesidades de energía que requiera la prestación del servicio público y a nivel de reserva de energía del Sistema Eléctrico Nacional.
III.'...
...
La Comisión sólo podrá negarse a convenir con los permisionarios a que se refieren las fracciones II y III cuando las condiciones o términos que éstos ofrezcan no satisfagan los requisitos de los artículos 36 Bis de la Ley y 124 de este reglamento, o cuando la prestación del servicio público de energía eléctrica no requiera de dichos excedentes. Los convenios a que se refieren las fracciones II y III de este artículo que celebre la Comisión con permi-

raleza jurídica de estas figuras y su congruencia con los artículos 25, 27, párrafo sexto, última parte y 28, párrafos cuarto y quinto de la Constitución Federal.

A partir del estudio jurídico realizado por el Máximo Tribunal en Pleno se concluyó que las figuras de autoabastecimiento y cogeneradores tenían como finalidad el autoconsumo de energía eléctrica[27] y que el análisis de dichas figuras se debería de dar con base en el artículo 27 Constitucional, además se indicó que los excedentes podían ser vendidos a la Comisión Federal de Electricidad sin que esto implique una concesión, así lo explica la Sentencia de la Corte[28]:

> con motivo de la litis planteada, debe considerarse que tanto la cogeneración como el autoabastecimiento y la venta de los excedentes a la Comisión Federal de Electricidad, coincide en armonía con lo establecido en la Constitución, pero debe hacerse notar de manera relevante que aunque la Ley del Servicio Público de Energía Eléctrica no establece numéricamente ningún porcentaje de tales excedentes de producción de energía eléctrica, se entiende que solamente pueden vender a la Comisión Federal de Electricidad, los excedentes de lo que ocupan las personas que se autoabastecen o cogeneran, esto es, los excedentes que no alteran la naturaleza de lo que implican esos tipos de generación, o sea cantidades razonablemente reducidas que no significan que bajo la apariencia de autoabastecimiento o cogeneración, se genera en forma significativa energía para el servicio público, pues con ello se estaría burlando el artículo 27 de la Constitución y los demás preceptos del propio ordenamiento que, como ha quedado claramente demostrado, determinan, esencialmente, que la

---

sionarios que sean entidades de la Administración Pública Federal, o bien, personas morales de las que formen parte dichas entidades, se sujetarán a lo previsto por la Ley y este reglamento, en particular lo señalado por el artículo 126.

Los términos y condiciones de los convenios a que se refiere este artículo deberán celebrarse de manera equitativa y no discriminatoria para todos los permisionarios. Asimismo, se deberá atender lo dispuesto por el artículo 76 de este reglamento.

27 Cfr. SENTENCIA y votos concurrentes y de minoría, relativos a la Controversia Constitucional 22/2001, promovida por el Congreso de la Unión en contra del Presidente Constitucional de los Estados Unidos Mexicanos, del Secretario de Energía, de la Comisión Reguladora de Energía y del Secretario de Gobernación, p. 69. Disponible en https://www.dof.gob.mx/nota_detalle.php?codigo=727597&fecha=03/06/2002.

28 Ibidem, p. 68.

> generación, conducción, transformación, distribución y abastecimiento de energía eléctrica, que tenga por objeto la prestación del servicio público, corresponden exclusivamente a la Nación y no podrán ser concesionadas a particulares.

Dentro del análisis realizado por el Tribunal en Pleno también se atendió a las características de estas figuras, ya que los permisos de autoabastecimiento no tenían como requisito de expedición una fuente determinada para generar energía, mientras que los permisos de cogeneración indicaban que la electricidad debería producirse conjuntamente con vapor u otro tipo de energía térmica o ambos, o con los combustibles producidos en sus procesos industriales, pero tienen como similitud que ambos permisos no están dentro del servicio público y dan la posibilidad a sus beneficiarios de satisfacer sus necesidades energéticas sin que esto sea un obstáculo para que sus excedentes puedan enviarse a la Comisión Federal de Electricidad[29].

Ahora bien, estas figuras jurídicas permitían a los concesionarios generar su energía, fomentar el ahorro de esta y toda vez que se prevé que las plantas generadoras de energía tengan una capacidad superior, los excedentes pudieran ser vendidos al servicio público, pero en cantidades que no sean significativas ya que resultaría estéril que los excedentes se desperdiciaran cuando podrían ser aprovechados[30].

La Suprema Corte determinó que la reforma a los artículos 126 y 135 del Reglamento modificaba los porcentajes permitidos para que auto abastecedores y cogeneradores vendieran energía a la Comisión Federal de Electricidad, lo que en sí significaba un cambio fundamental en cuanto a los aprovechamientos de excedentes, ya que la ley señalaba que estas figuras deben priorizar el abastecimiento interno, además permitía la posibilidad de venta de excedentes al servicio público, pero la venta de éstos debería tener congruencia con las propias figuras ya que si bien no se señalan cantidades de excedentes a vender, la propia naturaleza del autoabastecimiento y cogeneración indican que su propósito principal es la de cubrir sus necesidades de energía y no la venta de excedentes. La ley busca equilibrar la autoge-

---

29 Cfr. Ibidem, p. 69.

30 Ídem.

neración con la integración al sistema eléctrico nacional, asegurando un suministro estable y promoviendo la eficiencia energética[31].

La Corte señaló que la reforma impugnada desvirtuaba el requisito del autoconsumo en las dos figuras al permitir que se vendieran 20 MW a los auto abastecedores cuando sus plantas sean de 40MW y a los cogeneradores vender la totalidad de sus excedentes sin perjuicio del tamaño de sus plantas. Esto implicaba vulnerar la regulación de estas figuras a la luz del sexto párrafo del artículo 27 constitucional.

Respecto de la reforma al artículo 135 fracción II y a las facultades que por vía Reglamento se le confirió a la Secretaría de Energía, la Corte señaló[32]:

> (...) corrobora que en virtud del Decreto impugnado, pueden existir proyectos de autoabastecimiento cuyo destino fundamental sea comprometer la capacidad de generación para la prestación del servicio público, pues dado los términos en los que está redactada la norma se deja un amplio margen de discrecionalidad a la Secretaría, lo que resulta contrario al artículo 36 de la Ley del Servicio Público de Energía Eléctrica.
> La referida facultad de modificar la prevención contenida en el artículo 135, fracción II, inciso b, que se otorga a la Secretaría de Energía, implica una remisión incondicional para que esta dependencia, de manera discrecional, varíe la naturaleza jurídica del permiso de autoabastecimiento y del concepto de excedente, prevista en la Ley del Servicio Público de Energía Eléctrica, con clara violación al principio de subordinación a la ley.

La Corte precisó que la facultad reglamentaria del Poder Ejecutivo debe estar siempre en concordancia con la Constitución, que, si bien esto no significa que debería hacer un examen de constitucionalidad por no ser el Poder facultado para ese estudio, sí que ante la claridad de las disposiciones constitucionales debe interpretar la ley de conformidad con estas[33]. Este punto de la sentencia es interesante ya que hay que recordar fue previo a la Reforma de Derechos Humanos y de la inclusión en el marco constitucional de herramientas

---

31 Ibidem, p. 70.
32 Ídem.
33 Ibidem, p. 71.

hermenéuticas, es en esta sentencia en la cual la Corte menciona la interpretación conforme, así lo indica[34]:

> En otros términos, si se está en presencia de normas legales emanadas del Poder Legislativo y al reglamentarlas se advierte que las mismas admiten una interpretación opuesta a la Constitución y otra coherente con ella, deben preferir ésta, pues toda autoridad se encuentra sujeta, de manera directa, a la Constitución y no puede, como autómata, limitarse a atender a la ley como si los cuerpos legislativos pudieran dar el contenido y alcance de las normas constitucionales, aunque ello fuera evidentemente contrario a su contenido expreso.

Al resolver la Controversia la Corte argumentó que el contenido de los artículos constitucionales vigentes en ese entonces señalaban que la energía eléctrica es un área estratégica para la Nación Mexicana, y que la generación, la conducción, la transformación, la distribución y el abastecimiento cuando su objeto es el servicio público corresponde de forma exclusiva a la Nación, sin posibilidad de concesión alguna y que la Nación aprovechará los bienes y recursos naturales que se requieran para lograr esos fines[35].

En cuanto a la centralidad del problema jurídico a resolver respecto a si el Titular del Poder Ejecutivo en uso de sus facultades reglamentarias había emitido normas inconstitucionales, la Suprema Corte de Justicia de la Nación resolvió lo siguiente[36]:

> Por consiguiente, si el Titular del Poder Ejecutivo Federal emite normas reglamentarias que permiten que los particulares, bajo la apariencia de autoabastecedores y cogeneradores lleguen a convertirse en generadores de energía eléctrica para el servicio público, lo cual no podrían hacer ni siquiera mediante concesión que se admite en otros servicios públicos, se viola, de manera directa, la Constitución.

Una vez resuelto la centralidad de la controversia la Suprema Corte de Justicia de la Nación hace un pronunciamiento en el último párrafo del Considerando Octavo de la sentencia, al referir que su labor como Tribunal Constitucional no es señalar si las normas cons-

---

34 Ídem.
35 Ídem.
36 Ídem.

titucionales son buenas o malas sino indicar que si estas están vigentes deben acatarse.

En el considerando noveno la Corte *Obiter Dicta* se manifiesta con relación a que la Ley del Servicio Público de Energía Eléctrica y otras leyes relacionadas con la materia pudieran tener contenidos contrarios a la Constitución pero que eso no formaba parte del estudio que se realizó para resolver la Controversia a conocimiento, así lo sustentó la Corte[37]:

> **NOVENO.-** A mayor abundamiento, debe establecerse que no pasa inadvertido para este Tribunal Constitucional, por una parte, que no sólo la Ley del Servicio Público de Energía Eléctrica y otras leyes relacionadas, pudieran contener disposiciones contrarias a la Constitución, pero ello es ajeno a la presente controversia y, de ser así, el propio Congreso de la Unión, que es la parte accionante en ella, estará en aptitud de realizar las reformas pertinentes; y, por otra, que podrían darse necesidades de carácter económico o político que, desde esas perspectivas, cuestionaran la última parte del párrafo sexto del artículo 27 de la Constitución y las otras normas que con él se vinculan (según se ha explicado), pero es claro que la decisión al respecto resulta ajena a las atribuciones de la Suprema Corte de Justicia de la Nación y corresponde, con toda claridad, al órgano previsto en el artículo 135 de la misma y al que podrá acudirse con la iniciativa correspondiente que demuestre la necesidad referida.

La Suprema Corte de Justicia de la Nación declaró la invalidez de los artículos 126, párrafos segundo y tercero y 135 fracción II y párrafos antepenúltimo, penúltimo y último del Reglamento de la Ley del Servicio Público de Energía Eléctrica, reformados y adicionados mediante Decreto Presidencial publicado en el *Diario Oficial de la Federación* el 24 de mayo de 2001, además de que al tener la mayoría de 8 votos tuvo efectos generales.

En el año 2003 también se suscitó un debate respecto de la figura del autobasto, así lo menciona Rodrigo Santa Rita Feregrino[38]:

---

37 Ídem.

38 Vid. Santa Rita Feregrino Rodrigo, Cinco trazos de un retrato del régimen jurídico del autoabasto de energía eléctrica disponible en https://energiahoy.com/2020/07/07/cinco-trazos-de-un-retrato-del-regimen-juridico-del-autoabasto-de-energia-electrica/ visto el 15 de mayo de 2024

> La discusión en torno al mérito jurídico de la figura del autoabasto, su evolución y permanencia, no es nueva. Data del año 2003, cuando el entonces Senador Manuel Bartlett y el entonces Diputado Salvador Rocha denunciaran ante la Auditoria Superior de la Federación (la ASF) que los permisos de autoabastecimiento, cogeneración y producción independiente de energía eléctrica se apartaban de las limitaciones previstas para las actividades permisionadas respecto del servicio público y solicitaron se sancionara a los servidores públicos que participaron en el otorgamiento y supervisión de permisos de generación eléctrica a particulares. La denuncia no fue vista como asunto menor por la ASF, quien formuló observaciones a la CRE, mismas que por su alcance y naturaleza implicaron como respuesta una controversia constitucional contra la ASF, siendo el argumento principal que dicha autoridad había rebasado sus atribuciones, al pronunciarse respecto de la constitucionalidad de actos del Poder Ejecutivo. En ese sentido, salió del foco de la discusión y no se analizó el controvertido mérito jurídico del desarrollo regulatorio del autoabasto y las contradicciones que pudiera tener respecto de una decisión de ejecución en la Constitución.

El sexenio de Vicente Fox concluyó sin ninguna reforma en materia energética.

## 1.3. REFORMAS EN EL SEXENIO 2006-2012

En el sexenio de 2006 a 2012 el Presidente Felipe Calderón impulsó una serie de reformas enfocadas en la energía y los hidrocarburos. Las reformas de 2008 relacionadas con la industria eléctrica se enfocaron en la especialización de una burocracia enfocada en el sector energético y en la creación de nuevos órganos especializados en dicha industria[39].

Se creó la Comisión Nacional de Energía, la Comisión Nacional para el Uso Eficiente de la Energía y el Consejo Consultivo para el Aprovechamiento Sustentable de la Energía. Legalmente se dio un paso hacia el tema de una regulación técnica del tema energético, a

---

39 Cfr. Gutiérrez R. Roberto. Reformas estructurales de México en el sexenio de Felipe Calderón: la energética, pp. 35-39. Disponible en http://revistaeconomia.unam.mx/index.php/ecu/article/view/72/71

la vez que se aumentaron competencias regulatorias a la Secretaría de Energía[40].

Las reformas enfocadas a la industria eléctrica se concentraron en las siguientes leyes: Ley de la Comisión Reguladora de Energía; Ley para el Aprovechamiento de Energías Renovables y el Financiamiento de la Transición Energética; Ley Orgánica de la Administración Pública Federal (LOAPF) y la Ley para el Aprovechamiento Sustentable de la Energía.

La Ley de la Comisión Reguladora de Energía amplió el número de actividades reguladas, la Ley Orgánica de la Administración Pública señaló nuevas competencias para la Secretaría de Energía[41] como conducir la política energética del país y establecer dicha política, además de implementar acciones de supervisión para vigilar el cumplimiento de las políticas en materia energética, con prioridad a la seguridad y diversificación energética, el ahorro de energía y la protección al ambiente.

Puntualiza sus atribuciones en materia de planeación energética a mediano y largo plazo, atendiendo en todo momento a los principios de soberanía, seguridad energética, mejoramiento de la productividad energética, restitución de reservas de hidrocarburos, reducción progresiva de impactos ambientales de la producción y el consumo de energía, mayor participación de energías renovables, ahorro de energía y mayor eficiencia en su producción y uso, apoyo a la investigación y el desarrollo tecnológico, de igual forma ordena a la Secretaría integrar el Consejo Nacional de Energía y expedir las reglas para su funcionamiento.

El tema ambiental en la reforma a la industria eléctrica de ese sexenio se desarrolla entre otros instrumentos jurídicos en la Ley para el Aprovechamiento de Energías Renovables y el Financiamiento de

---

40 Ibidem, p. 38.

41 Cfr. La Reforma al Sector Energético en México: la propuesta del Ejecutivo y la Reforma Aprobada por el Legislativo. Centro de Estudios de las Finanzas Públicas, Cámara de Diputados. CEFP/104/2008. Diciembre 2008, p. 14

la Transición Energética[42], cuyo objetivo es regular el uso de fuentes de energías renovables y tecnologías limpias para la generación de electricidad con propósitos diferentes a la prestación del servicio público de energía eléctrica, en dicha ley se establece la estrategia nacional y los instrumentos de financiamiento para la transición energética, de igual forma se promueve el desarrollo de mecanismos de generación eléctrica que se adapten a la realidad social y ambiental del país y se define la participación de los sectores públicos y privados en la industria. Además, se establece un listado de las fuentes de energía renovable.

Por otra parte, la Ley para el Aprovechamiento Sustentable de la Energía tiene como objeto propiciar un aprovechamiento sustentable de la energía mediante el uso óptimo de la misma en todos sus procesos y actividades, desde su explotación, producción, transformación, distribución y consumo, incluyendo la eficiencia energética.

Se crea el Programa Nacional para el Aprovechamiento Sustentable de la Energía en el cual se establecerán las estrategias, objetivos, acciones y metas que permitan alcanzar el uso óptimo de la energía en todos los procesos y actividades para su explotación, producción, transformación, distribución y consumo; será un programa especial en los términos de la Ley de Planeación. Se crea la Comisión Nacional para el Uso Eficiente de la Energía que es un órgano desconcentrado de la Secretaría que cuenta con autonomía técnica y operativa.

Las reforma energética obligó a generar documentos técnicos[43] como la Estrategia Nacional de Energía, la Estrategia Nacional para la Transición Energética y el Aprovechamiento Sustentable de la Energía, el Programa Nacional para el Aprovechamiento Sustentable de la Energía, el Programa Especial para el Aprovechamiento de Energías Renovables y el Subsistema Nacional de Información sobre el Aprovechamiento de la Energía.

Las reformas tecnificaron la burocracia de la industria eléctrica, generaron documentos importantes para la industria eléctrica, de igual forma se crearon entes reguladores con autonomía técnica,

---

42 Ibidem, p. 13.
43 Ibidem, p. 36-37.

además de lo anterior, otro punto importante fue el ambiental ya que una de las finalidades fue el uso sustentable de la energía eléctrica.

En el año 2009 se publica el Decreto por el cual se extingue a la Compañía Luz y Fuerza del Centro, la Comisión Federal de Electricidad fue creada en 1937 y Luz y Fuerza del Centro en 1994, desde ese año había compartido con CFE el cuasimonopolio de la industria eléctrica. En el Decreto se señalan las razones para la extinción de este organismo que pueden ser sintetizados en los siguientes puntos[44]:

1. La consolidación de una sola empresa que prestará el servicio público de energía eléctrica.
2. Falta de autosufiencia financiera. Los costos de Luz y Fuerza duplicaban sus ingresos
3. Ineficiencia energética, al perder 32.5 % de la energía que compraba y generaba para vender.
4. Altos costos de las obras realizadas por Luz y Fuerza del Centro frente a las hechas por la Comisión Federal de Electricidad.

Con este cambio quedaba una empresa del Estado a cargo del servicio público de energía eléctrica, la Comisión Federal de Electricidad. Si bien este no fue un cambio constitucional o legislativo sí fue una modificación importante para la prestación del servicio público de energía eléctrica.

## 1.4. REFORMAS ESTRUCTURALES EN EL SEXENIO 2012-2018

En el sexenio 2012-2018 el Presidente Enrique Peña Nieto convino con las principales fuerzas políticas de ese entonces una serie de reformas que fueron conocidas como Reformas Estructurales. Dentro de ese paquete de reformas nuevamente se promovieron cambios

---

44 Cfr. DECRETO por el que se extingue el organismo descentralizado Luz y Fuerza del Centro. Disponible en https://dof.gob.mx/nota_detalle.php?codigo=5114004&fecha=11/10/2009#gsc.tab=0

en el ámbito de los hidrocarburos y la industria eléctrica a este bloque de cambios normativos se le denominó reforma energética.

Las razones para los cambios constitucionales y legales en materia de la industria eléctrica se enlistaron en 5 problemas que enfrentaba en ese momento la industria nacional en la materia, los cuales se expusieron de la siguiente forma[45]:

a) **Tarifas eléctricas altas:** El costo elevado de la energía eléctrica en detrimento de la economía y el crecimiento nacional, además que las tarifas mexicanas eran más altas que la de su socio comercial Estados Unidos esto a pesar de los altos costos en subsidio que el Gobierno de México destinaba a las tarifas.

b) **Limitaciones en la producción de electricidad:**

- Aunque existe participación de particulares y empresas privadas en la generación de electricidad, los beneficios se distribuían en pocas personas

c) **Falta de un árbitro imparcial que decida qué electricidad se vende:**

- La Comisión Federal de Electricidad, siendo tanto generadora como vendedora de electricidad, decidía qué energía eléctrica comprar si la suya o la de particulares.

d) **Problemas para usar energía menos contaminante:**

- La escasez de gas natural no permitía generar electricidad a partir de este elemento, el cual se señalaba haría 6 veces más barato la energía y generaría menos contaminación. Otro punto era la dificultad en el desarrollo de energías renovables como la eólica, solar y minihidráulica.

El 20 de diciembre de 2013 se publicaron en el *Diario Oficial De la Federación* las reformas constitucionales a los artículos 25, 27 y 28. Después de años en la búsqueda de una modificación constitucional se logró conjuntar a una mayoría que aprobara las reformas. Los cambios al artículo 25 constitucional dieron lugar a una nueva figura

---

[45] Cfr. Reforma Energética, Resumen Ejecutivo, p. 13 disponible en https://embamex.sre.gob.mx/suecia/images/reforma%20energetica.pdf

en el derecho mexicano: las Empresas Productivas del Estado[46], las áreas estratégicas ya no son exclusivas del Estado ya que se les permitirá a los particulares realizar algunas funciones bajo las figuras de contratos y licencias[47].

En el artículo 27 constitucional lo referente a la industria eléctrica, se inserta en el párrafo sexto que regula exclusivamente el tema eléctrico y se cambia la regulación de los hidrocarburos a otro párrafo del mismo artículo, además se indica que la planeación, control, transmisión y distribución de la energía eléctrica para servicio público no se otorgarán concesiones y que las leyes determinarán la forma en la que los particulares podrán participar en otras actividades de la industria eléctrica.

Con esta reforma surge una figura nueva para el derecho mexicano, la "empresa productiva del Estado" se dejaba de lado de la figura de empresa descentralizada y se modificaba su sentido en cuanto a que ahora más que la prestación del servicio público de energía eléctrica tanto Comisión Federal de Electricidad como Petróleos Mexicanos deberían enfocare en generar valor económico. Este nuevo elemento generaba un cambio del control, vigilancia y transparencia de estas empresas, así lo señalan Marisol Anglés Hernández y M. Laura Bolívar Meza[48]:

---

46 Ver Cárdenas Gracia, Jaime. Marco Constitucional del Derecho Energético en Aportes sobre la configuración del derecho energético en México. Coordinadores Anglés Hernández, Marisol y Palomino Guerrero, Margarita. Disponible en https://biblio.juridicas.unam.mx/bjv/detalle-libro/5846-aportes-sobre-la-configuracion-del-derecho-energetico-en-mexico

47 Ídem.

48 Cfr. Anglés Hernández, Marisol y Bolívar Meza, M. Laura. Análisis de la iniciativa de reformas a las industrias estratégicas del Estado: antecedentes y alcances. P 134. En López Ayllón, Sergio.
Orozco Henríquez, José de Jesús, Salazar Ugarte, Pedro, Valadés, Diego, Coordinadores. En análisis técnico de las 20 iniciativas de reformas constitucionales y legales presentadas por el presidente de la República (febrero 5, 2024) disponible en https://biblio.juridicas.unam.mx/bjv/detalle-libro/7483-analisis-tecnico-de-las-20-iniciativas-de-reformas-constitucionales-y-legales-presentadas-por-el-presidente-de-la-republica-febrero-5-2024

> Al quitarse el principio de "servicio público" y dar paso al de "creación de valor económico", las nuevas empresas con características corporativas de derecho privado quedarían fuera del control, vigilancia y transparencia del propio Estado, trasladándose a sus propios comités corporativos mediante regímenes especiales dichas acciones, formalizados en la Ley de Pemex y la Ley de CFE, respectivamente.

El artículo 28 prescribe que el servicio público de transmisión y distribución de energía eléctrica es una función exclusiva del Estado además de que es un área estratégica, pero en términos del párrafo sexto del artículo 27 de la Constitución. Se crearon los órganos coordinados en materia energética denominados Comisión Nacional de Hidrocarburos y Comisión Reguladora de Energía y regulados por la ley secundaria.

De acuerdo con José Roldán Xopa[49] la reforma constitucional modificó las actividades que previo a esta se consideraban estratégicas y exclusivas del Estado, así lo describe:

> Las actividades que antes de la reforma se consideraban de servicio público y, consecuentemente, estratégicas y de exclusividad estatal se segmentan en: i) se liberaliza la industria eléctrica considerándose un sector regulado; ii) corresponde en exclusiva al Estado la planeación y el control del sistema eléctrico nacional, así como la transmisión y la distribución. Estos dos últimos segmentos de la industria se consideran servicios públicos.

Por otra parte, en la Ley de la Industria eléctrica se determinó que el Suministro Eléctrico es un servicio de interés público, mientras que la generación y comercialización de energía eléctrica son servicios que se prestan en un régimen de libre competencia y las actividades de generación, transmisión, distribución, comercialización y el Control Operativo del Sistema Eléctrico Nacional son de utilidad pública.

En materia constitucional y legal se especifican categorías para diferentes actividades relacionadas con la industria eléctrica, las cuales son: las áreas estratégicas y exclusivas, el servicio público, el servicio

---

49 Xopa, José Roldán. La ordenación constitucional de la economía. Del Estado Regulador al Estado Garante. México, Fondo de Cultura Económica, 2018, pp. 110-111.

de interés público, el régimen de libre competencia y las actividades de utilidad pública.

La reforma secundaria en materia energética específicamente en materia de energía eléctrica abarcó la siguiente legislación: la Ley de la Industria Eléctrica, la Ley de Energía Geotérmica; la Ley de Petróleos Mexicanos, la Ley de la Comisión Federal de Electricidad y la Ley de los Órganos Reguladores Coordinados en Materia Energética.

En concordancia con las reformas constitucionales se reformaron y adicionaron: la Ley de Inversión Extranjera, la Ley Minera, la Ley de Aguas Nacionales, la Ley de Asociaciones Público-Privadas, la Ley Orgánica de la Administración Pública Federal, la Ley Federal de las Entidades Paraestatales, la Ley de Adquisiciones, Arrendamientos y Servicios del Sector Público, y la Ley de Obras Públicas y Servicios Relacionados con las Mismas. También fueron reformados y adicionados la Ley Federal de Derechos, la Ley de Coordinación Fiscal, la Ley Federal de Presupuesto y Responsabilidad Hacendaria y, la Ley General de Deuda Pública[50].

La reforma abrió el sector energético de electricidad, algo que, si bien de alguna manera había sucedido a partir de la década de los noventa, no estaba sustentado en una reforma constitucional. Ahora bien, esta reforma abrió el sector con base en reformas constitucionales, legales y con base en las mejores prácticas internacionales en el sector. La reforma constitucional incluyó un amplio contenido regulatorio en los artículos transitorios. Al respecto Diego Valadés se manifestó sobre el uso de los artículos transitorios como marco regulatorio[51]:

> Las disposiciones transitorias tienen, como su nombre indica, una eficacia perentoria. Su objeto se agota en el tiempo. En México no se habían utilizado los transitorios como técnica de engaño y de ocultamiento, como se hace en el caso de esta reforma. De los 21 transitorios, 11 contienen disposiciones permanentes que deberían formar parte del cuerpo constitucional.

---

50 Ob. Cit., pp. 55 y 56.

51 CFR. Valadés, Diego, "La Constitución desfigurada"Revista, Hechos y Derechos. Número 21 disponible en https://revistas.juridicas.unam.mx/index.php/hechos-y-derechos/article/view/7044/8980

Agrega Valadés[52] que de las 6,900 palabras del proyecto 6,000 corresponden a artículos transitorios, los cuales le otorgaron al presidente facultades para legislar lo que desde su punto de vista deja de lado lo prescrito por el artículo 49 Constitucional, además indica que la Cámara de Diputados es dotada de atribuciones para modificar una reforma constitucional lo que implicaría una transgresión del artículo 135 constitucional, por lo que se altera o contradice de manera permanente lo que es parte de la reforma a los artículos 25, 27 y 28 constitucionales.

Otra crítica a la reforma fue hecha por Jaime Cárdenas, quien consideró que la nueva regulación dejaba a un lado el marco constitucional de la economía mixta por uno de corte neoliberal lo que cual dañaba la construcción de un Estado de Bienestar Nacional, así lo explica[53]:

> La nueva regulación del párrafo cuarto del artículo 28 de la Constitución diluye y relativiza los conceptos. Los sectores eléctrico y de hidrocarburos ya no son áreas estratégicas en el sentido que tenía esa expresión jurídica desde la reforma constitucional de 1983 hasta el 20 de diciembre de 2013. Esta modificación afecta el marco constitucional de la otrora economía mixta prevista en él e implica la asunción constitucional de los parámetros de la economía neoliberal que consisten en limitar la intervención del Estado en la economía todo lo que se pueda. Se trata de un menoscabo a los principios constitucionales que en México apuntalaban a la construcción de un Estado del Bienestar nacional.

Esta Reforma generó un cambio en el régimen jurídico mexicano en la que efectivamente las empresas estatales como Petróleos Mexicanos y Comisión Federal de Electricidad contarían con un nuevo marco jurídico legal y constitucional.

---

52 Ídem.

53 Vid. Cárdenas, Jaime La reforma constitucional en materia energética. P 10. En Documentos de trabajo del Instituto de Investigaciones Jurídicas, UNAM. 2014 http://ru.juridicas.unam.mx/xmlui/handle/123456789/13477

## 1.5. REFORMAS EN EL SEXENIO 2018-2024

Con el cambio de Gobierno en 2018 se dio un cambio ideológico y jurídico en cuanto a la prestación del servicio público de energía eléctrica. El Gobierno del Presidente Andrés Manuel López Obrador impulsó una iniciativa preferente reformas y adiciones a la Ley de la Industria Eléctrica, así en febrero de 2021 se envió la iniciativa al Congreso para reformar la Ley de la Industria Eléctrica. De acuerdo con la exposición de motivos, el impulso de los cambios a la Ley de la Industria Eléctrica obedeció a fortalecer la Comisión Federal de Electricidad y a profundizar los cambios en materia energética[54]:

> La Comisión Federal de Electricidad (CFE) quedó fracturada, casi en ruinas, endeudada, obligada a otorgar toda clase de subsidios a sus supuestos competidores, por tanto, con capacidad productiva disminuida y sometida a una regulación que privilegia a los particulares.
> En virtud de lo anterior, resulta urgente profundizar en los cambios ya iniciados en esta materia, a fin de fortalecer a la empresa productiva del Estado, CFE, para beneficio del interés Nacional, cuyo carácter estratégico en la confiabilidad del sistema eléctrico es indispensable para sostener el compromiso de largo plazo con el pueblo de México, consistente en no incrementar las tarifas de electricidad, así como garantizar la seguridad energética como pieza estratégica del concepto superior de la seguridad nacional.

Los temas centrales de la reforma fueron los siguientes[55]:

i. Modificación del mecanismo del despacho de centrales eléctricas, la para quedar con la siguiente prelación: Energía Producida por las Hidroeléctricas; Energía Generada en otras plantas de la CFE; Energía eólica o solar de particulares y Ciclos Combinados de empresas privadas.

ii. Modificación del Despacho Económico a Despacho por Entrega Física de las Centrales Eléctricas en el Contrato Legado de la CFE.

---

54 Vid. https://archivos.diputados.gob.mx/portalHCD/archivo/INICIATIVA_PREFERENTE_01FEB21.pdf

55 Ídem.

iii. La obligación de que los permisos a que se refiere la Ley de la industria Eléctrica se encuentren sujetos a los criterios de planeación del Sistema Eléctrico Nacional emitidos por la Secretaría de Energía.

iv. Establecer que el otorgamiento de Certificados de energías Limpias no dependerá de la propiedad o la fecha de inicio de las operaciones comerciales de las centrales eléctricas.

v. Eliminar la obligatoriedad de comprar por subastas para el Suministrador de Servicios Básicos.

vi. Obligar a la Comisión Reguladora de Energía a revocar los permisos de autoabastecimiento, así como sus modificaciones, en los casos en que hayan sido obtenidos mediante la realización de actos constitutivos de fraude a la Ley.

vii. Revisar la legalidad y rentabilidad para el Gobierno Federal de los Contratos de Compromiso de Capacidad de Generación de Energía Eléctrica y Compraventa de Energía Eléctrica suscritos con productores independientes de energía al amparo de la Ley del Servicio Público de Energía Eléctrica

Para la organización civil Fundar la iniciativa se resumen en 5 puntos[56]:

> 1. Mecanismo del despacho. Plantea modificar el mecanismo del despacho de las centrales eléctricas y propone el siguiente orden de prioridad: las hidroeléctricas de la CFE, las centrales eléctricas de la CFE, las centrales de energía eólica o solar de particulares y, finalmente, los ciclos combinados de empresas privadas.
> 2. Certificados de Energía Limpia. Propone que el otorgamiento de Certificados no dependa de la fecha de inicio de operación comercial de las centrales eléctricas para permitir que las hidroeléctricas de la CFE participen en el MEM y compitan de manera justa con los otros generadores.
> 3. Subastas eléctricas. Propone eliminar la obligatoriedad de comprar por subastas para el Suministrador de Servicios Básicos.

---

56 Vid. https://fundar.org.mx/wp-content/uploads/2022/05/A-medio-camino-Balance-y-pendientes-de-la-politica-energetica-del-sexenio-2018-2024.pdf p. 61

4. Permisos de autoabastecimiento. Obliga a la CRE a revocar los permisos de autoabastecimiento en los casos en que se hayan obtenido mediante la realización de actos constitutivos de fraude a la ley.
5. Productores Independientes de Energía (PIE). Propone revisar la legalidad y rentabilidad para el Gobierno Federal de los Contratos de Compromiso de Capacidad de Generación de Energía Eléctrica y Compraventa de Energía Eléctrica suscritos con los productores independientes de energía al amparo de la Ley del Servicio Público de Energía Eléctrica.

La reforma obtuvo el respaldo legislativo y fueron publicadas en el Diario Oficial de la Federación el 9 de marzo de 2021. Los artículos reformados y adicionados fueron los siguientes: artículos 3, fracciones V, XII y XIV; 4, fracciones I y VI; 12, fracción I; 26; 35, párrafo primero; 53; 101; 108, fracciones V y VI, y 126, fracción II; y se adicionó una fracción XII Bis al artículo 3 de la Ley.

Esta reforma legislativa desde la exposición de motivos señala que tiene como objetivo fortalecer a la Comisión Federal de Electricidad y cambiar la forma en que opera el mercado de energía eléctrica. Después de una década de apertura en el mercado de la energía eléctrica el Gobierno optó por fortalecer a la empresa productiva del Estado y cargar costos a los particulares en el caso de que no cumplan con la cantidad de energía pactada de entrega. La Reforma fue impugnada mediante una Acción de Inconstitucionalidad por los legisladores, lo que dio la oportunidad que nuevamente la Suprema Corte conociera sobre un asunto relacionado con la industria eléctrica.

En octubre de 2021 el Presidente Andrés Manuel López Obrador envío a la Cámara de Diputados la iniciativa de Reforma de los artículos 25, 27 y 28 Constitucional[57]. La iniciativa de Reforma no logró los votos necesarios y fue rechazada el 17 de abril de 2022. César Emiliano Hernández Ochoa sintetiza esta iniciativa[58]:

---

57 Vid. https://gaceta.diputados.gob.mx/PDF/65/2021/oct/20211001-I.pdf

58 Cfr Hernández Ochoa, César Emiliano. Opinión técnica sobre la iniciativa presidencial de reforma energética del 5 de febrero de 2024. En López Ayllón, Sergio, Orozco Henríquez, José de Jesús, Salazar Ugarte, Pedro, Valadés, Diego, Coordinadores. En análisis técnico de las 20 iniciativas de reformas constitucionales y legales presentadas por el presidente de la República (febrero 5, 2024) disponible en https://biblio.juridicas.unam.mx/

> Entre otros aspectos de esta amplia iniciativa, se devolvía a la electricidad el carácter de área estratégica exclusiva del Estado, se señalaba que las funciones del Estado en electricidad no constituirían monopolio, se hacía responsable de la planeación y control del sistema eléctrico nacional a la Comisión Federal de Electricidad (CFE), y se topaba a un máximo de 46% a la generación eléctrica privada.

Eduardo Walsh[59] señaló 5 puntos de la iniciativa:

1. Desaparición de los órganos reguladores y concentración en la Secretaría de Energía.
2. El Estado tendrá monopolio de explotación del litio, minerales y energía eléctrica.
3. Cambios en el orden de compra de energía por parte de la Comisión Federal de Electricidad.
4. Cancelación de todos los permisos de generación y los contratos de compraventa de electricidad del sector privado incluidos aquellos pendientes de resolución.
5. El Estado Mexicano será quien encabece la transición energética.

En febrero de 2024 el Presidente López Obrador nuevamente envió una iniciativa de Reforma Constitucional relacionada con la industria eléctrica, junto a reformas de diversos temas. Los puntos principales de la reforma de 2024, de acuerdo con Hernández Ochoa[60] son:

1. Eliminación de la "empresa productiva del Estado" y de las mejores prácticas. Se crea la "empresa pública del Estado". (artículo 25 de la Constitución)

---

bjv/detalle-libro/7483-analisis-tecnico-de-las-20-iniciativas-de-reformas-constitucionales-y-legales-presentadas-por-el-presidente-de-la-republica-febrero-5-2024, pp. 146, 147.

59 Cfr. Walsh Eduardo, Re forma Eléctrica de AMLO ¿un retroceso para México? https://www.kas.de/documents/266027/13395798/KASBlog_Semana+17_Reforma+energe%CC%81tica.pdf/04a2acc1-75bf-ed4e-9400-7b25dbae64ed?version=1.1&t=1634318566130

60 Ob Cit. Hernández Ochoa, pp. 151 a 156.

2. Eliminación de participación privada vía contratos en transmisión y distribución. Prevalencia de empresa pública del Estado sobre empresas privadas. Responsabilidad de empresa pública del Estado sobre servicio público de electricidad (artículo 27 de la Constitución).
3. La empresa pública del Estado estará a cargo de los objetivos de la planeación y control del sistema eléctrico nacional. (artículo 28 de la Constitución).

En junio de ese año se realizaron las elecciones para la renovación del Poder Ejecutivo Federal y el Congreso de la Unión, por lo que sería la nueva legislatura la que aprobaría la Reforma planteada.

## 1.6. REFORMAS EN EL SEXENIO 2024-2030

En octubre de 2024 Claudia Sheinbaum Pardo asumió la Presidencia de México, además de esto su partido obtuvo en el Congreso de la Unión los votos necesarios para aprobar la Reforma Constitucional que fue presentada en febrero de ese mismo año. El 31 de octubre de 2024 se publicó en el Diario Oficial de la Federación el Decreto por el que se reformaron el párrafo quinto del artículo 25, los párrafos sexto y séptimo del artículo 27 y el párrafo cuarto del artículo 28 de la Constitución Política de los Estados Unidos Mexicanos, en materia de áreas y empresas estratégicas[61].

Como consecuencia de esta Reforma se realizarán cambios en las leyes del sector energético a fin de que sean acordes con lo previsto en la Constitución. En ese sentido la Titular del Poder Ejecutivo Federal presentó la iniciativa con proyecto de decreto de la Ley de la Empresa Pública del Estado, Comisión Federal de Electricidad; la Ley de la Empresa Pública del Estado, Petróleos Mexicanos; la Ley del Sector Eléctrico; la Ley del Sector Hidrocarburos; la Ley de Planeación y Transición Energética; la Ley de Biocombustibles; la Ley de Geotermia y, la Ley de la Comisión Nacional de Energía; así como

61 Vid. https://www.dof.gob.mx/nota_detalle.php?codigo=5742012&fecha=31/10/2024#gsc.tab=0

reformas a diversas disposiciones de la Ley del Fondo Mexicano del Petróleo para la Estabilización y el Desarrollo; de igual forma se reforman, adicionan y derogan diversas disposiciones de la Ley de Ingresos Sobre Hidrocarburos y de la Ley Orgánica de la Administración Pública Federal. De acuerdo con el dictamen de las Comisiones Unidas de Energía y Estudios Legislativos, la iniciativa tiene 5 ejes principales[62]:

1. Fortalecimiento de las empresas públicas del Estado.
2. Garantizar que se provea de energía económica a la población, bajo condiciones de seguridad y confiabilidad en el Sistema Eléctrico Nacional.
3. Fortalecer las condiciones de PEMEX, incentivar la participación de privados y reconocer el Derecho Petrolero para el Bienestar.
4. Planeación y transición energética, creando el Consejo de Planeación Energética y estableciendo un Sistema Nacional de Información Energética.
5. Creación de la Comisión Nacional de Energía, órgano desconcentrado de la Secretaría de Energía (SENER).

Algunos puntos importantes de la iniciativa de la Ley del Sector Eléctrico

1. La desaparición de la Comisión Reguladora de Energía y la creación de la Comisión Nacional de Energía, la cual será coordinada por la Secretaría de Energía.
2. Se permite la inversión mixta para proyectos de generación, en los cuales se debe garantizar que CFE tendrá el 54 % de participación ya sea directa o indirecta en el proyecto.
3. Se crea el Fondo de Servicio Universal Energético, para financiar las acciones de Justicia Energética, la cual tendrá como prioridad la electrificación en las comunidades rurales, zonas

---

[62] Vid. https://infosen.senado.gob.mx/sgsp/gaceta/66/1/2025-02-26-1/assets/documentos/Dict_Com_Energia_y_Est_Legs_Expide_Ley_Empresa_Publica_Edo.pdf

urbanas marginadas y el Suministro Eléctrico a personas y comunidades en condiciones de vulnerabilidad o Pobreza Energética.

4. Se define a la Justicia Energética como las Acciones o Estrategias encaminadas a reducir la Pobreza Energética, las desigualdades sociales y de género en el uso de la energía e impulsar el desarrollo regional y la prosperidad compartida mediante el acceso a energía e infraestructura energética confiable, asequible, segura y limpia para la atención de necesidades básicas, la reducción de impactos en la salud y el medio ambiente. Incluye también la ampliación de espacios de participación inclusiva, principalmente de los pueblos originarios, en las cadenas productivas locales de los proyectos energéticos.

5. Se define a la pobreza energética como la situación que ocurre cuando en una vivienda no se alcanza a satisfacer una o más necesidades energéticas básicas, como son el calentamiento de agua, cocción y conservación de alimentos e iluminación, debido a sus condiciones de ingresos y carencias sociales.

6. Se define la accesibilidad como el Principio que garantiza que no existan obstáculos, limitaciones o dificultades que impidan el acceso equitativo, continuo y oportuno del Suministro Eléctrico, asegurando su disponibilidad para todas las personas usuarias en condiciones justas y no discriminatorias.

7. Se indica que la Generación Eléctrica en Centrales Eléctricas puede ser realizada por el Estado, los particulares por sí mismos o en conjunto en esquemas de inversión mixta, en los términos que señale la ley y que se realizaron bajo las figuras de Generación Distribuida; Autoconsumo, y Generación para el Mercado Eléctrico Mayorista.

## *Capítulo 2*

# *De la Soberanía Energética*

La Soberanía Energética no es un término que se encuentre previsto en la Constitución de manera expresa, quizá a partir de interpretaciones de artículos se podría deducir pero también existen algunas aportaciones en el entendimiento de este término que nos podrían ayudar a definirlo. Si bien no es un concepto ajeno a la ideología ya que dependiendo la fuerza política en el Gobierno será el discurso tanto retórico como jurídico, por jurídico nos referimos a las Reformas Constitucionales o Legales que se impulsen al tener mayoría.

La Soberanía Energética se puede conceptualizar a partir de los discursos, por ejemplo, si es nacionalista se asociará con la no dependencia del país a otro para realizar su autosuficiencia energética, si es un discurso de apertura se hará a partir de la cooperación entre países a fin de lograr una meta común energética o bien un menor costo en la compra que en la producción.

La Soberanía Energética es un concepto que se utiliza de manera habitual al hablar de energía, consideramos que es indispensable construir una concepto viable y operacional de este término a fin de lograr un mejor entendimiento del tema. Para lograr esto tomamos algunos elementos que consideramos necesarios para este objetivo.

Debido a lo anterior hemos tratado de construir un concepto de Soberanía Energética a partir de la concepción jurídica de Soberanía en nuestro país, de definiciones teóricas de los conceptos Soberanía y Soberanía Energética, de la planeación energética nacional y de un entendimiento de los derechos humanos a fin de lograr generar con elementos tanto jurídicos como teóricos un concepto operativo.

## 2.1. LA ENERGÍA ELÉCTRICA COMO DERECHO HUMANO

En la Constitución Mexicana no existe un reconocimiento de la energía eléctrica como un derecho humano; sin embargo, en la iniciativa de Reforma del 5 de febrero de 2024 a los artículos 25, 27 y 28 constitucional[63] se menciona lo siguiente:

> Siendo la electricidad un derecho humano, su acceso no puede depender de la capacidad económica, de estratos sociales, de empresas preponderantes o de regiones privilegiadas. El Estado debe garantizar el acceso universal a todo el pueblo de México, a todas las clases sociales, pues de no hacerlo se generaría una distribución contraría a la justicia social. Por esta razón, el servicio público que presten las empresas del Estado, al no tener fines de lucro, no puede ser considerado en ninguna circunstancia como un monopolio.

El derecho humano a la energía eléctrica podría deducirse como parte integrante de otro derecho como el derecho a la vivienda digna y decorosa señalado en el artículo 4 constitucional Séptimo párrafo que indica:

> "Toda familia tiene derecho a disfrutar de vivienda digna y decorosa. La Ley establecerá los instrumentos y apoyos necesarios a fin de alcanzar tal objetivo."

Con relación a la energía eléctrica como un derecho humano Eugenia Paola Carmona señala[64]:

> La comprensión del acceso a la electricidad como derecho humano derivado se fortalece al vincularlo con los derechos humanos al desarrollo y a una vivienda digna. Lo que no es óbice para poner sobre la mesa de discusión el señalamiento de que este derecho tiene raigambre jurídica a partir de diversos instrumentos internacionales y en

---

63 Vid. https://gaceta.diputados.gob.mx/PDF/65/2024/feb/20240205-14.pdf

64 Carmona Díaz de León, Eugenia Paola, EL ACCESO A LA ENERGÍA ELÉCTRICA COMO DERECHO HUMANO, p. 48 disponible en https://www.eld.edu.mx/Revista-de-Investigaciones-Juridicas/RIJ-47/Capitulos/2.-EL-ACCESO-A-LA-ENERGIA-ELECTRICA-COMO-DERECHO-HUMANO.pdf

nuestro país ha comenzado a adquirir carta de naturalización por la vía jurisprudencial (...)

Al respecto la Primera Sala de la Suprema Corte de Justicia de la Nación reflexionó qué elementos forman parte del concepto vivienda digna y decorosa[65], en esta reflexión la Primera Sala toma en

---

[65] DERECHO FUNDAMENTAL A UNA VIVIENDA DIGNA Y DECOROSA. SU CONTENIDO NO SE AGOTA CON LA INFRAESTRUCTURA BÁSICA ADECUADA DE AQUÉLLA, SINO QUE DEBE COMPRENDER EL ACCESO A LOS SERVICIOS PÚBLICOS BÁSICOS.
Esta Primera Sala de la Suprema Corte de Justicia de la Nación, en la tesis aislada 1a. CXLVIII/2014 (10a.), estableció el estándar mínimo de infraestructura básica que debe tener una vivienda adecuada; sin embargo, ello no implica que el derecho fundamental a una vivienda adecuada se agote con dicha infraestructura, pues en términos de la Observación No. 4 (1991) (E/1992/23), emitida por el Comité de Derechos Económicos, Sociales y Culturales de la Organización de las Naciones Unidas, el derecho fundamental referido debe comprender, además de una infraestructura básica adecuada, diversos elementos, entre los cuales está el acceso a ciertos servicios indispensables para la salud, la seguridad y otros servicios sociales, como son los de emergencia, hospitales, clínicas, escuelas, así como la prohibición de establecerlos en lugares contaminados o de proximidad inmediata a fuentes de contaminación. Asimismo, dentro de los Lineamientos en Aspectos Prácticos respecto del Derecho Humano a la Vivienda Adecuada, elaborados por el Comité de Asentamientos Humanos de las Naciones Unidas, se señaló que los Estados debían asegurarse de que las viviendas tengan acceso a la prestación de servicios como recolección de basura, transporte público, servicio de ambulancias o de bomberos. Ahora bien, el derecho a una vivienda adecuada es inherente a la dignidad del ser humano, y elemental para contar con el disfrute de otros derechos fundamentales, pues es necesaria para mantener y fomentar la salud física y mental, el desarrollo adecuado de la persona, la privacidad, así como la participación en actividades laborales, educativas, sociales y culturales. Por ello, una infraestructura básica de nada sirve si no tiene acceso a servicios básicos como son, enunciativa y no limitativamente, los de: iluminación pública, sistemas adecuados de alcantarillado y evacuación de basura, transporte público, emergencia, acceso a medios de comunicación, seguridad y vigilancia, salud, escuelas y centros de trabajo a una distancia razonable. De ahí que si el Estado condiciona el apoyo a la vivienda a que se resida en un lugar determinado, bajo la consideración de que lo hace con la finalidad de satisfacer el derecho fundamental a la vivienda digna y decorosa de los gobernados, la vivienda que otorgue debe cumplir no sólo con una infraes-

cuenta la tesis la tesis aislada 1a. CXLVIII/2014 (10a.), misma que estableció el estándar mínimo de infraestructura básica que debe tener una vivienda adecuada y agrega que no se agota en dicho parámetro lo que debe ser una vivienda digna y decorosa, por lo que toma criterios de organismos internacionales para delinear otros aspectos que deben tenerse en cuenta para una vivienda, así toma en cuenta la Observación No. 4 (1991) (E/1992/23), emitida por el Comité de Derechos Económicos, Sociales y Culturales de la Organización de las Naciones Unidas y los Lineamientos en Aspectos Prácticos respecto del Derecho Humano a la Vivienda Adecuada, elaborados por el Comité de Asentamientos Humanos de las Naciones Unidas.

La Primera Sala agrega que el Estado no agota su obligación con brindar una vivienda sino que esa vivienda debe tener servicios básicos como iluminación pública, sistemas adecuados de alcantarillado y evacuación de basura, transporte público, emergencia, acceso a medios de comunicación, seguridad y vigilancia, salud, escuelas y centros de trabajo a una distancia razonable.

Si entendemos al derecho a la energía eléctrica como un derecho derivado o derecho llave encontramos que permite satisfacer otros derechos, en ese sentido los Tribunales Colegiados del Poder Judicial de la Federación en una tesis aislada reflexionaron lo siguiente[66]:

> ACCESO A LA ENERGÍA ELÉCTRICA. DEBE RECONOCERSE COMO DERECHO HUMANO POR SER UN PRESUPUESTO INDISPENSABLE PARA EL GOCE DE MÚLTIPLES DERECHOS FUNDAMENTALES.
>
> La Constitución Política de los Estados Unidos Mexicanos reconoce derechos humanos económicos, sociales y culturales como la alimentación nutritiva, suficiente y de calidad; la educación de calidad; el acceso a los servicios de protección de la salud; un medio ambiente

---

tructura básica adecuada, sino también con acceso a los servicios públicos básicos, incluyendo el de seguridad pública ya que, en caso contrario, el Estado no estará cumpliendo con su obligación de proporcionar las condiciones para obtener una vivienda adecuada a sus gobernados. Tesis: 1a. CCV/2015 (10a.),Fuente: Gaceta del Semanario Judicial de la Federación. Libro 19, Junio de 2015, Tomo I, página 583,Tipo: Aislada. Registro digital: 2009348

66 Tesis: I.3o.C.100 K (10a.) Fuente: Gaceta del Semanario Judicial de la Federación. Libro 61, Diciembre de 2018, Tomo II, página 959. Tribunales Colegiados de Circuito. Registro digital: 2018528

> adecuado para el desarrollo y bienestar de las personas; la vivienda digna y decorosa; el acceso a la cultura; el acceso a la información y a sus tecnologías, así como a los servicios de radiodifusión y telecomunicaciones, incluido el Internet; la libertad de expresión e imprenta; la libertad de profesión, industria, comercio y trabajo; entre otros. El ejercicio de estos derechos depende cada vez y en mayor medida del suministro de energía eléctrica. En efecto, en el estado actual del desarrollo científico y tecnológico, los satisfactores materiales e inmateriales (tangibles e intangibles), se encuentran estrechamente ligados a la energía eléctrica, la cual es usada en prácticamente todos los ámbitos de la actividad humana para generar energía lumínica, mecánica y térmica, así como para el procesamiento de la información y la realización de las telecomunicaciones. Por esta razón, el acceso a la energía eléctrica debe reconocerse como un derecho humano por ser un presupuesto indispensable, al constituir una condición necesaria para el goce de múltiples derechos fundamentales.

Con la inclusión de los conceptos de Justicia Energética y Pobreza Energética en la Ley del Sector Eléctrico se acerca a un entendimiento de la energía eléctrica como un derecho y como una herramienta para el desarrollo de otros derechos humanos, por eso, es importante que se satisfaga un mínimo vital energético para todas las personas.

## 2.2. ENERGÍA ELÉCTRICA Y SOSTENIBILIDAD AMBIENTAL

La generación de energía eléctrica conlleva la emisión de gases de efecto invernadero, de acuerdo con el documento Análisis de los Sectores Productivos con Mayor Emisión de Gases y Compuestos de Efecto Invernadero, el sector de generación de energía eléctrica produce el 20 % de estos gases en el país, por lo cual es el 2 sector que genera más gases de efecto invernadero solamente detrás del transporte. El Análisis de los Sectores Productivos con Mayor Emisión de Gases y Compuestos de Efecto Invernadero señala la emisión de gases de efecto invernadero en 2021 en el sector de la generación de energía eléctrica[67]:

---

67 Vid. Secretaría de Medio Ambiente y Recursos Naturales, Instituto Nacional de Ecología y Cambio Climático. Análisis de los Sectores Productivos con

> En 2021 este sector tuvo una emisión de 141.5 MtCO2e, lo que representa el 20% de las emisiones nacionales de GEI. Al igual que en el sector transporte, en la generación de energía eléctrica se observó una reducción de emisiones en los años de 2020 y 2021, esta disminución puede atribuirse principalmente a los efectos de la pandemia, sin embargo, también se observa una reducción en el uso de combustibles fósiles más contaminantes como el carbón y el combustóleo.

Esta emisión de gases de efecto invernadero tienen un efecto en el calentamiento global, lo que a su vez provoca un impacto también en la biodiversidad, ya que los cambios de temperatura pueden provocar la afectación del hábitat de las especies. Por tanto, el Estado debe buscar la forma de disminuir la emisión de los gases con efecto invernadero producto de la generación de energía eléctrica.

Existen dos fuentes de obtención de energía, ya sea mediante fuentes renovables o fuentes no renovables, en ambos casos se generan contaminantes, sin embargo, las fuentes renovables generan una menor carga contaminante. La producción y generación de energía deben procurar que la actividad sea sostenible y que su impacto al medio ambiente sea mínimo. La Constitución Política de los Estados Unidos Mexicanos señala en su artículo 4 Quinto Párrafo el derecho al medio ambiente sano.

> Toda persona tiene derecho a un medio ambiente sano para su desarrollo y bienestar. El Estado garantizará el respeto a este derecho. El daño y deterioro ambiental generará responsabilidad para quien lo provoque en términos de lo dispuesto por la ley

El Estado Mexicano debe entonces actuar previniendo cualquier daño al medio ambiente a fin de garantizar un medio ambiente sano a la población, en ese sentido, es importante tomar en cuenta los principios que rigen el derecho al medio ambiente sano, es decir, el principio de precaución y el principio de prevención.

La Primera Sala de la Suprema Corte de Justicia de la Nación ha distinguido entre estos principios, al señalar que el principio de pre-

---

Mayor Emisión de Gases y Compuestos de Efecto Invernadero. Disponible en https://www.gob.mx/cms/uploads/attachment/file/921220/03_2024_EmisionesPorSectoresEcon_micos_290524.pdf

caución invita a tomar medidas ante la incertidumbre del riesgo que pueda causar alguna actividad, mientras que el principio de prevención parte de la certeza del riesgo que causa la actividad[68].

La Primera Sala de la Suprema Corte ha desarrollado un extenso criterio jurisdiccional acerca del derecho al medio ambiente sano,

---

68 Tesis: 1a./J. 11/2022 (11a.)Fuente: Gaceta del Semanario Judicial de la Federación. Libro 12, Abril de 2022, Tomo II, página 840 Tipo: Jurisprudencia Registro digital: 2024374
DERECHO HUMANO A UN MEDIO AMBIENTE SANO. DIFERENCIA ENTRE LOS PRINCIPIOS DE PREVENCIÓN Y DE PRECAUCIÓN.
Hechos: Dos personas físicas promovieron juicio de amparo indirecto en el que reclamaron diversos actos y omisiones destinadas a autorizar y realizar el proyecto de ampliación del Puerto de Veracruz, aduciendo que no se había garantizado, bajo el estándar más alto de protección, su derecho humano a un medio ambiente sano. El Juez de Distrito sobreseyó en el juicio al considerar que las quejosas no tenían interés legítimo, en contra de esta resolución se interpuso recurso de revisión.
Criterio jurídico: La Primera Sala de la Suprema Corte de Justicia de la Nación considera que dos de los principios rectores del derecho humano al medio ambiente sano son el de prevención y el de precaución, los cuales, si bien están estrechamente relacionados, encuentran diferencias puntales entre sí.
Justificación: El derecho ambiental se fundamenta en diversos principios que, atendiendo al reciente desarrollo de esta rama del derecho, resultan fundamentales para guiar la actividad jurisdiccional. Uno de ellos es el principio de precaución, conforme al cual, cuando la experiencia empírica refleja que una actividad es riesgosa para el medio ambiente, resulta necesario adoptar todas las medidas necesarias para evitarlo o mitigarlo, aun cuando no exista certidumbre sobre el daño ambiental. Por otra parte, el principio de prevención establece que los Estados deben usar todos los medios a su alcance con el fin de evitar que las actividades que se lleven a cabo bajo su jurisdicción causen daños significativos al medio ambiente, ya sea dentro o fuera del territorio del Estado de origen. En este sentido, es posible distinguir entre el principio de prevención y el de precaución, pues el primero se fundamenta en el conocimiento acerca de que determinada situación es riesgosa para el medio ambiente, mientras que el segundo opera ante la incertidumbre sobre dicho aspecto. Esto es, la diferencia sustancial entre ambos principios es la certeza que se tiene en relación con el riesgo, pues en el caso de la precaución se demanda una actuación estatal ante la duda de que una actividad pueda ser riesgosa, en cambio, conforme al principio de prevención, existe certeza respecto del riesgo.

entre estos criterios encontramos aquellas en los que se explica el núcleo fundamental del derecho al medio ambiente sano[69]:

> DERECHO HUMANO A UN MEDIO AMBIENTE SANO. SU NÚCLEO ESENCIAL
>
> El derecho a vivir en un medio ambiente sano es un auténtico derecho humano que entraña la facultad de toda persona, como parte de una colectividad, de exigir la protección efectiva del medio ambiente en el que se desarrolla, pero además protege a la naturaleza por el valor que tiene en sí misma, lo que implica que su núcleo esencial de protección incluso va más allá de los objetivos más inmediatos de los seres humanos. En este sentido, este derecho humano se fundamenta en la idea de solidaridad que entraña un análisis de interés legítimo y no de derechos subjetivos y de libertades, incluso, en este contexto, la idea de obligación prevalece sobre la de derecho, pues estamos ante responsabilidades colectivas más que prerrogativas individuales. El paradigma ambiental se basa en una idea de interacción compleja entre el hombre y la naturaleza que toma en cuenta los efectos individuales y colectivos, presentes y futuros de la acción humana.

El Poder Judicial ha sido prolífico en los criterios relacionados con el derecho a un medio ambiente sano, incluso en asuntos que parecieran no tener relación como los inmobiliarios; sin embargo, los criterios sirven para ver la importancia del medio ambiente, así es de tener en cuenta que todas las autoridades deben procurar se respete el medio ambiente ya que es un derecho transversal y permite que otros derechos puedan lograrse[70].

---

69 Tesis: 1a. CCLXXXIX/2018 (10a.) Fuente: Gaceta del Semanario Judicial de la Federación. Libro 61, Diciembre de 2018, Tomo I, página 309 Tipo: Aislada. Registro digital: 2018636

70 Tesis: I.3o.C.5 CS (11a.)Fuente: Gaceta del Semanario Judicial de la Federación. Libro 23, Marzo de 2023, Tomo IV, página 3850Tipo: Aislada Registro digital: 2026110
DERECHO A UN MEDIO AMBIENTE SANO. ES UN DERECHO TRANSVERSAL QUE DEBE SER PROTEGIDO POR TODAS LAS AUTORIDADES EN LAS DISTINTAS MATERIAS, INCLUIDA LA CIVIL.
Hechos: Dentro de una controversia de arrendamiento inmobiliario en la que se demandó el pago de pensiones rentísticas, la parte actora —arrendadora— solicitó entre sus prestaciones, el pago del adeudo por uso del servicio de energía eléctrica; se dictó sentencia a su favor y contra dicho fallo el demandado interpuso recurso de apelación, declarándose infundado y firme aquélla, dicha resolución es la que constituye el acto reclamado en

El Poder Judicial en un criterio aislado de Tribunales Colegiados señaló que una parte de las emisiones responsables del cambio climático proviene de la producción y uso de energía eléctrica, mayormente generada por combustibles fósiles. Por lo que indica la obligación de los gobiernos de encontrar fuentes de energía renovables y promover el uso racional de la energía eléctrica para mitigar el cambio climático[71]. Este criterio curiosamente no derivó de un asunto ambiental sino de un asunto de arrendamiento.

---

el amparo directo, en el cual, previamente al estudio del fondo del asunto, se consideró que se debe priorizar un uso adecuado de la energía eléctrica, tomando en cuenta que existe una corresponsabilidad por parte de quien se beneficia directamente de ese bien.
Criterio jurídico: Este Tribunal Colegiado de Circuito determina que el derecho a un medio ambiente sano es un derecho transversal que debe ser protegido por todas las autoridades en las distintas materias, incluida la civil.
Justificación: Lo anterior, porque el derecho a un medio ambiente sano tiene implicaciones transversales con prácticamente todos los derechos consagrados en la Constitución General y en los tratados internacionales, como los relativos a la salud, alimentación, trabajo, cultura, vida y otros, pues es más que notorio que si no existe un entorno dentro del que se pueda desarrollar la vida humana, ninguno de éstos puede garantizarse o siquiera lograrse. En ese tenor, los derechos humanos mencionados se deben siempre encontrar en armonía con el derecho a un medio ambiente sano. Lo anterior también implica que todas las autoridades en el ejercicio de sus atribuciones tengan presente estos principios; por ello, las personas juzgadoras tienen la obligación, a través de sus fallos, de actuar siempre en favor de la naturaleza, aplicando estos principios y buscando, en la medida de lo posible, la mitigación de la crisis climática y el cuidado del medio ambiente. Así, es imperante que al juzgar, sin importar la rama del derecho en que se actúe (laboral, administrativa, penal o civil) el juzgador, al tener presente estos principios ambientales, encuentre siempre una armonía en su aplicación, entendiéndola como la defensa de un derecho transversal que tiene implicaciones con las demás prerrogativas constitucionales y convencionales..

71 Tesis: I.3o.C.53 C (11a.) Fuente: Gaceta del Semanario Judicial de la Federación. Libro 23, Marzo de 2023, Tomo IV, página 3849 Registro digital: 2026109
DERECHO A UN MEDIO AMBIENTE SANO. EN ATENCIÓN AL PRINCIPIO CONTAMINADOR-PAGADOR, LA PERSONA QUE HACE USO

En el proyecto de Ley del Sector Eléctrico se define a la sostenibilidad como el conjunto de acciones para mantener de manera durable y responsable los recursos humanos, económicos y naturales,

---

DIRECTO DE LA ENERGÍA ELÉCTRICA DENTRO DE UN INMUEBLE ARRENDADO, ES QUIEN DEBE PAGARLA.
Hechos: Dentro de una controversia de arrendamiento inmobiliario en la que se demandó el pago de pensiones rentísticas, la parte actora —arrendadora— solicitó entre sus prestaciones el pago del adeudo por uso del servicio de energía eléctrica; se dictó sentencia a su favor y contra dicho fallo el demandado interpuso recurso de apelación, declarándose infundado y firme aquélla, dicha resolución es la que constituye el acto reclamado en el amparo directo, en el cual, previamente al estudio del fondo del asunto, se consideró que se debe priorizar un uso adecuado de la energía eléctrica, tomando en cuenta que existe una corresponsabilidad por parte de quien se beneficia directamente de ese bien.
Criterio jurídico: Este Tribunal Colegiado de Circuito determina que en atención a los principios rectores que sostienen el derecho humano a un medio ambiente sano, en particular el relativo a contaminador-pagador, quien utiliza el servicio de energía eléctrica dentro de un inmueble arrendado debe ser quien pague por él.
Justificación: Lo anterior, porque dos terceras partes de las emisiones responsables del cambio climático provienen de la producción y uso de la energía eléctrica, pues para su generación se utilizan en su mayoría fuentes primarias de energía, en particular la quema de combustibles fósiles. Por tanto, una de las maneras en las que se puede contribuir a revertir o al menos parar el aumento en la temperatura del planeta tierra es a partir del uso racional de la energía eléctrica. Así, la obligación de cada poder público de todos los países debería ser, en principio, encontrar medios de producción a partir de fuentes renovables, como la radiación solar o el viento, pero también generar los incentivos necesarios para el uso racional de la energía eléctrica. En ese tenor, debe priorizarse el uso adecuado de la energía eléctrica, tomando en cuenta que existe una corresponsabilidad por parte de quien se beneficia directamente de este bien. Por tal motivo, el uso racional de la energía eléctrica resulta de la más alta importancia, pues si bien es un insumo necesario para la existencia de la humanidad dentro de la vida moderna, lo cierto es que existe de igual manera una fuerte tendencia a su uso desmedido, sin pensar en los costes ambientales implicados en su generación y consiguiente uso; de ahí que el arrendatario, al ser usuario directo de la corriente eléctrica utilizada dentro del inmueble arrendado, sea el responsable de su uso ambientalmente racional; además, las personas que utilizan los servicios de energía eléctrica son las que se encuentran obligadas a pagarlos, pues son quienes se benefician directamente de los mismos.

gestionar sus relaciones de interdependencia y de impacto sobre el medio ambiente y las poblaciones, e incorporar cambios institucionales que garanticen el equilibrio entre las actividades económicas, la protección del medio ambiente y el bienestar social en el corto, mediano y largo plazo.

El derecho a un medio ambiente sano debe ser una guía para las autoridades de todos los niveles de nuestro país a fin de dirigir su actuación con respeto a este derecho. Por tanto, la generación de energía no puede ser ajeno a la responsabilidad de las autoridades de buscar la forma aminorar la carga contaminante en la generación y producción de energía. La Secretaría de Energía dentro de las nuevas funciones contempladas en la Ley del Sector Eléctrico debe conducir la planeación con políticas de Seguridad Nacional, Justicia Energética, eficiencia, sostenibilidad y tomando en cuenta el cambio climático.

En el proyecto de la Ley de Planeación y Transición Energética se hace mención en el artículo 12 al Instituto Nacional de Electricidad y Energías Limpias el cual es definido como organismo público descentralizado de la Administración Pública Federal, con personalidad jurídica, patrimonio propio y autonomía de gestión, sectorizado en la Secretaría, de conformidad con las disposiciones aplicables de la Ley Federal de Entidades Paraestatales. Este instituto tendrá como objeto lo siguiente:

| **Instituto Nacional de Electricidad y Energías Limpias** | |
|---|---|
| Coordinar y realizar estudios y proyectos de investigación científica o tecnológica con instituciones académicas, de investigación, públicas o privadas, nacionales o extranjeras en materia de energía, energía eléctrica, Energías y Tecnologías Limpias, Energías Renovables, Eficiencia Energética, reducción de Emisiones Contaminantes generadas en el Sector Energético, sustentabilidad, sistemas de transmisión, distribución y almacenamiento de energía, y sistemas asociados con la operación del Sistema Eléctrico Nacional; | Brindar insumos técnicos y científicos a la Secretaría en la materia de su competencia para la planeación y la formulación de políticas; |

| Instituto Nacional de Electricidad y Energías Limpias | |
|---|---|
| Brindar servicios técnicos y científicos, en las materias de su competencia, a las dependencias, organismos y empresas públicas del Estado y al sector privado, y | Las demás que le señale su regulación orgánica. |

Tabla 1. Elaboración propia.

La creación de este Instituto nos muestra la importancia que le da el Estado Mexicano a disminuir las emisiones contaminantes en la producción de energía, con esta directriz en la generación de energía eléctrica por parte del Estado se podría generar una mayor inversión en tecnologías limpias, tal como Mariana Mazzucato lo ha mencionado en su libro El Estado Emprendedor[72]:

> La aparente disposición del Estado a aceptar el riesgo del desarrollo de la tecnología limpia ha tenido un impacto positivo. En las últimas décadas, las turbinas eólicas y los paneles solares fotovoltaicos (FV) han sido dos de las tecnologías de energías renovables que más rápidamente se han desplegado en todo el planeta. Engendrando industrias crecientes que están emergiendo en muchas regiones del mundo.

Este carga que se ha puesto el Estado es importante, por las probables consecuencias que tiene la emisión de gases con efecto invernadero en un país megadiverso como México por tal motivo, consideramos que para la construcción de un concepto de Soberanía Energética el tema de los derechos humanos en materia ambiental así como la garantía de un mínimo vital energético para el desarrollo humano es fundamental.

## 2.3. SEGURIDAD ENERGÉTICA

Un tema indispensable es la Seguridad Energética, al igual que el término Soberanía Energética no existe una definición legal en el sistema jurídico mexicano, de hecho, tampoco existe un concepto uní-

---

72 Cfr. Mazucatto, Mariana. El Estado Emprendedor. Mitos del sector público frente al privado. 3 edición.P 237. RBA Libros.

voco de qué es la seguridad energética, de acuerdo con la Comisión Económica para América Latina y el Caribe[73] existen por lo menos 45 definiciones sobre este tema.

Algunas de las definiciones que se toman en ese documento son[74]:

- La seguridad energética es la capacidad de un país para satisfacer la demanda nacional de energía con suficiencia, oportunidad, sustentabilidad y precios adecuados, en el presente y hacia un futuro, que suele medirse por lustros y decenios más que por años (Navarrete, 2008).
- La seguridad energética es la capacidad para evitar el impacto adverso de cortes en el suministro de energía causados por eventos naturales, accidentales o intencionales que afectan los sistemas de suministro y distribución de energía y servicios públicos (Departamento de Defensa de los Estados Unidos, citado por Kleber, 2009)
- La seguridad energética es simplemente la baja vulnerabilidad de los sistemas energéticos vitales (Cherp y Jewwell, 2014).

Si bien no existe una definición sobre Seguridad Energética en nuestra legislación, la Ley de Seguridad Nacional nos señala las amenazas que son consideradas de seguridad nacional, el artículo 5 fracción XII reconoce como amenaza a los "Actos tendentes a destruir o inhabilitar la infraestructura de carácter estratégico o indispensable para la provisión de bienes o servicios públicos". Con base en esto podríamos decir que la seguridad energética tiene que ver con la continuidad de los servicios que brindan energía a nuestro país.

Para el concepto de Seguridad Energética la Comisión Económica para América Latina y el Caribe señala que debe tomarse en cuenta que las diferencias entre riesgo e incertidumbre, así como de dependencia y vulnerabilidad[75]. Estos factores son importantes para construir un concepto de seguridad energética y de soberanía

---

[73] Cfr. Rodríguez Padilla. VíctorSeguridad energética SEDE SUBREGIONAL DE LA CEPAL EN MÉXICO Análisis y evaluación del caso de México, p. 19.

[74] Ob. cit., pp. 19 y 20..

[75] Ibidem, p. 20

energética. Riesgo es algo que puede acontecer y la incertidumbre es denominada también peligrosidad, es decir, la magnitud con la que puede ocurrir la concreción de un riesgo. La dependencia se puede dar por la importación de energía pero aún así ser un país no vulnerable, mientras que la vulnerabilidad puede darse en un país que genere toda su energía pero sus costos de producción sean elevados.

Dentro de los índices que miden la seguridad energética, el índice Large Energy User Group Index Scores and Rankings[76] (Puntuaciones y clasificaciones del índice de grandes grupos de usuarios de energía) tiene un listado de países con los puntajes en el rubro de riesgo de seguridad, en las siguientes tablas se indican los parámetros existentes para México.

| **México: Un vistazo a la energía** | |
|---|---|
| Producción: | Rango Mundial |
| Petróleo | 12 |
| Gas Natural | 29 |
| Carbón | 21 |
| Consumo: | Rango Mundial |
| Petróleo | 13 |
| Gas Natural | 10 |
| Carbón | 23 |
| Energía Total | 15 |
| Poder de Generación: | Rango Mundial |
| Energía fósil | 10 |
| Energía fósil | 10 |
| Nuclear | 20 |
| Energía Hidroeléctrica | 23 |
| Renovables | 19 |

[76] Disponible en https://www.globalenergyinstitute.org/sites/default/files/IESRI-Report_2020_4_20_20.pdf

| México: Un vistazo a la energía | |
|---|---|
| Generación Total | 15 |
| importador/exportador de: | Estatus en 2018 |
| Petróleo | Exportador |
| Gas natural | Importador |
| Carbón | Importador |

Tabla 2. Elaboración propia con datos de Large Energy User Group Index Scores and Rankings.

| México: Resumen de Riesgo de Seguridad Energética | |
|---|---|
| **Rango de Riesgo:** | |
| 2018 puntuación de Seguridad Energética | 966 |
| 2018 clasificación de grupo de grandes usuarios de energía | 11 |
| Puntuación en año anterior | 975 |
| Clasificación en año previo | 11 |
| Puntuación en 1980 | 742 |
| Promedio de puntuación: 1980-2018 | 778 |
| Mejor puntuación en seguridad energética | 626 (1994) |
| Peor puntuación en riesgo de seguridad energética | 975 (2017) |
| **Puntuaciones de riesgo en relación con el promedio de la OCDE:** | |
| Diferencia anual promedio 1980-2018 | -9% |
| Mejor puntuación relativa | -30% (1981) |
| Peor puntuación relativa | 9% (2018) |
| **Clasificación de métricas específicas del país (2018):** | |
| Número entre los cinco primeros | 4 |
| Número entre los cinco últimos | 1 |

Tabla 3. Elaboración propia con datos de Large Energy User Group Index Scores and Rankings.

## 2.4. SOBERANÍA ENERGÉTICA

El término Soberanía es habitual en cuanto al entendimiento del Estado, y de acuerdo con Raymond Carré de Malberg[77], la soberanía es lo siguiente:

> (...) la palabra soberanía designa no ya una potestad, sino una cualidad, cierta forma de ser, cierto grado de potestad. La soberanía es el carácter supremo de un poder; supremo en el sentido de que dicho poder no admite ningún otro ni por encima de él, ni en concurrencia con él. Por lo tanto, cuando se dice que el Estado es soberano, hay que entender por ello que, en la esfera en que su autoridad es llamada a ejercerse, posee una potestad que no depende de ningún otro poder y que no puede ser igualada por ningún otro poder.

Carré de Malberg menciona que para tener soberanía hay que entender que el poder que tiene el Estado no depende de ningún otro, posee dos dimensiones una interna y otra externa. Georg Jellinek[78] señala que este concepto tuvo en su origen una concepción política y que tiempo después se trasladó al ámbito jurídico, es un concepto con evolución histórica, así lo menciona:

> La soberanía es, en su origen histórico, una concepción de índole política, que sólo más tarde se ha condensado en una de índole jurídica. No se ha descubierto este concepto en el gabinete de sabios extraños al mundo, sino que debe su existencia a fuerzas muy poderosas, cuyas luchas forman el contenido de siglos enteros

La Soberanía no ha sido un concepto que haya sido objeto de pronunciamientos judiciales, así encontramos pocas tesis que se manifiesten sobre qué es la soberanía y las que existen son criterios muy cortos y autorreferenciales. Estos criterios se dieron en la denominada Quinta Época. En una tesis de 1918 así se entendió la Soberanía[79]:

---

77 Carré de Malberg, Raymond.; trad. José Luis Lión Depetre. Teoría General del Estado. Fondo de Cultura Económica. México. 2 edición, 4 reimpresión, 2022, p. 82.

78 Jellinek, Georg; traducción y prólogo Fernando de los Ríos. Teoría General del Estado. Fondo de Cultura Económica. México. 2 reimpresión. 2004, p. 401.

79 Fuente: Semanario Judicial de la Federación. Tomo III, página 619 Tipo: Aislada Registro digital: 290429

> SOBERANIA NACIONAL
> Reside esencial y originariamente en el pueblo.

Años más tarde en una nueva reflexión con motivo del incidente constitucional 7/27, surgido entre la Federación y los Poderes Públicos de Guanajuato surgió esta tesis aislada[80]:

> SOBERANIA DEL PUEBLO
> La soberanía se ejerce por medio de los Poderes de la Unión y de los Estados, en los términos establecidos por las Constituciones Federal y Locales, las que, en ningún caso, podrán contravenir las estipulaciones de la Federal. La soberanía de la Federación comprende la de los Estados, pero todas giran armónica e independientemente, dentro de sus órbitas, y los Estados pueden obrar sin limitaciones, siempre que no contravengan el Pacto Federal, y fuera de esto, su soberanía no tiene cortapisa alguna.

Luciano Laisse y Gustavo Manzos[81] señalan que el concepto de Soberanía tuvo una evolución en Iberoamérica ya que se nutrió de la escolástica y de la ilustración, y de los cuales los representantes eran los cabildos que gozaban de soberanía en la época colonial a diferencia de la evolución del mismo concepto en latitudes europeas, así lo explican:

> En Iberoamérica, en efecto, la noción de soberanía combinó dos elementos. (i) El elemento iusnaturalista de raigambre escolástica que hacía reposa la soberanía no en el individuo sino en la colectividad o grupo (Belaunde, 1945). Esta soberanía era la que ejercían paradigmáticamente los cabildos en la época colonial. Y, por otra parte, (ii) el elemento proveniente de la tradición enciclopedista o iluminista que ponía el acento en las libertades individuales.
> Así, mientras la conformación de los estados nacionales en el continente europeo resultó ser el producto de una compleja evolución histórica, los estados que se originaron en Iberoamérica —tras la independencia del Reino de España— fueron consecuencia directa de

---

80 Fuente: Semanario Judicial de la Federación. Tomo XXXI, página 1495 Tipo: Aislada Registro digital: 279405

81 Laise, L. y Manzo-Ugas, J. (2021). 'Nosotros, el pueblo': apuntes sobre la evolución del concepto de soberanía en el constitucionalismo iberoamericano. Jurídicas CUC, 17(1), 299-322.p. 307. Disponible en https://doi.org/10.17981/juridcuc.17.1.2021.10

> la unión voluntaria y libre de cada uno de los cabildos que los ha ido conformando (Belaunde, 1945).

Por otra parte, el constitucionalismo Iberoamericano ha aportado elementos a la construcción del concepto de Soberanía, ya que reconoce su carácter supremo y final pero con límites jurídicos, al respecto Laisse y Manzo-Ugas señalan[82]:

> (...) En tal sentido se puede apreciar que los caminos del constitucionalismo en la región han estado bajo la tensión de una noción de soberanía que apuntaba a conciliar el aseguramiento del orden y de la paz frente amenazas en el frente externo y, a la vez, la protección de los derechos naturales de las personas. De hecho, la limitación del soberano mediante el Derecho fue uno de los grandes aportes de las Américas a la evolución del concepto de soberanía. Así, la especificidad del aporte de la historia del constitucionalismo latinoamericano a la noción de soberanía consiste en una combinación del carácter supremo y final de la soberanía, pero bajo límites jurídicos trazados por el libre y entero consentimiento del pueblo.

Este término que surgió como una defensa del propio Estado y un signo distintivo de este, se ha trasladado a otros sectores como es el energético, así el término soberanía energética[83] se ha definido de la siguiente manera:

> La soberanía energética puede entenderse como la capacidad para la toma de decisiones en relación con el uso, propósito, control y acceso a la energía. Una capacidad que está directamente influenciada por la forma en que la misma sociedad ha construido sus necesidades energéticas y por el propósito social que se le asigna a la energía. Para satisfacer esas necesidades de energía, es preciso hacerle frente a las problemáticas que aparecen al querer acceder y utilizar los recursos energéticos, para lo cual entran en juego la tecnología, el conocimien-

---

[82] Ob. Cit, p. 316.

[83] Acosta Espinosa, A., Ariza Montobbio, P., Venes, F., Lorca, P., Soley, R. (2014). La cuestión energética vista desde las soberanías. Esbozando algunos factores clave desde sus múltiples dimensiones. (H. I. Crespo ed.) Ecuador Debate (92), pp. 39-54. Citado en Turco, Joaquín. ¿De qué hablamos cuando hablamos de soberanía energética? Soberanía energética, propuestas y debates desde el campo popular / Felipe Gutiérrez; Diego di Risio; compilado por Felipe Gutiérrez; Diego di Risio, 1ª ed., Ciudad Autónoma de Buenos Aires: Ediciones del Jinete Insomne, 2018, p. 232

to (saberes ancestrales y científicos) y el financiamiento. Todos factores fundamentales al momento de decidir y hacer. (Acosta et al 2014)

Joaquín Turco[84] define a la Soberanía Energética como:

(...) la soberanía energética podría considerarse como un camino de empoderamiento social, que permite transformar las estructuras del poder oligopólico y que le brinda a una comunidad política la capacidad para ejercer el control y una regulación racional y adecuada a las circunstancias ambientales, sociales, económicas, culturales, políticas y a sus recursos energéticos. Al mismo tiempo la habilita a conservar márgenes de maniobra y libertad de acción ante los costos asociados a las presiones externas de aquellos que rivalizan por los recursos energéticos. Al mismo tiempo, crea nuevas realidades desde abajo, en un marco de respeto hacia terceros y asegurando equidad intra e intergeneracional.

Los dos autores definen y posicionan su punto de vista respecto de lo que consideran que es la soberanía energética, a partir de la reflexión de ambos autores veremos los elementos que integran sus respectivas definiciones en la siguiente tabla.

| **Elementos de la definición de Acosta Espinosa** | **Elementos de la definición de Joaquín Turco** |
|---|---|
| a) Capacidad de toma de decisiones en el uso, propósito control y acceso a la energía. | a) Camino de empoderamiento social. |
| b) Necesidades energéticas de la sociedad. | b) Transformación de las estructuras del poder oligopólico. |
| c) Propósito social asignado a la energía. | c) Control y una regulación racional y adecuada a las circunstancias ambientales, sociales, económicas, culturales, políticas y a sus recursos energéticos. |

84 Ob. cit. Turco, Joaquín. ¿De qué hablamos cuando hablamos de soberanía energética? Soberanía energética, propuestas y debates desde el campo popular / Felipe Gutiérrez; Diego di Risio; compilado por Felipe Gutiérrez; Diego di Risio, 1ª ed., Ciudad Autónoma de Buenos Aires: Ediciones del Jinete Insomne, 2018.

| Elementos de la definición de Acosta Espinosa | Elementos de la definición de Joaquín Turco |
|---|---|
| d) Satisfacción de las necesidades de energía. | d) Habilitar a la comunidad política a conservar márgenes de maniobra y libertad de acción ante los costos asociados a las presiones externas de aquellos. |
| e) Problemáticas para acceder y utilizar recursos energéticos. | e) Equidad intra e intergeneracional. |
| f) La tecnología, el conocimiento (saberes ancestrales y científicos). | |
| g) El financiamiento. | |

Tabla 4. Elaboración propia.

Como se puede apreciar existen pocas coincidencias entre las definiciones de ambos autores, pero al ver separados los elementos que conforman la definición nos dan una idea de aspectos a tomar en cuenta para la construcción de un concepto de Soberanía Energética.

En la Constitución Política de los Estados Unidos Mexicanos y en la legislación secundaria relacionada con energéticos no existe una definición del término Soberanía Energética. No obstante, existe referencia a este término en la Ley Orgánica de la Administración Pública Federal al indicar los asuntos que tiene a su cargo la Secretaría de Energía, así el artículo 33 fracción V Segundo Párrafo indica:

> La planeación energética deberá atender los siguientes criterios: la soberanía y la seguridad energéticas, el mejoramiento de la productividad energética, la restitución de reservas de hidrocarburos, la diversificación de las fuentes de combustibles, la reducción progresiva de impactos ambientales de la producción y consumo de energía, la mayor participación de las energías renovables en el balance energético nacional, la satisfacción de las necesidades energéticas básicas de la población, el ahorro de energía y la mayor eficiencia de su producción y uso, el fortalecimiento de las empresas productivas del Estado del sector energético, y el apoyo a la investigación y el desarrollo tecnológico nacionales en materia energética.

La soberanía energética es uno de los criterios que deben atenderse para la planeación energética nacional, pero se sigue sin definir, si bien se entiende que la ley referida no es el espacio para la definición de dicho término, ahora bien, para construir un término adecuado de soberanía energética veamos todos los criterios.

| PLANEACIÓN ENERGÉTICA | |
|---|---|
| Soberanía Energética. | Seguridad energética. |
| Mejoramiento de la productividad energética. | Restitución de reservas de hidrocarburos. |
| Diversificación de las fuentes de combustibles. | Reducción progresiva de impactos ambientales de la producción y consumo de energía. |
| Mayor participación de las energías renovables en el balance energético nacional. | Satisfacción de las necesidades energéticas básicas de la población. |
| Ahorro de energía y la mayor eficiencia de su producción y uso. | fortalecimiento de las empresas productivas del Estado del sector energético. |
| Apoyo a la investigación y el desarrollo tecnológico nacionales en materia energética. | |

Tabla 5. Elaboración propia.

Por otra parte, en la legislación referente a la energía eléctrica no se define qué es la soberanía energética, pero podemos acudir a varios artículos para tomar en cuenta criterios para construir el término, así la Ley de la Industria Eléctrica señala en su artículo 4 párrafo segundo fracción segunda que el suministro eléctrico se debe prestar cuando sea técnicamente factible en condiciones de eficiencia, calidad, confiabilidad, continuidad, seguridad y sustentabilidad.

El artículo 6 de la Ley de la Industria Eléctrica menciona que el Estado establecerá y ejecutará la política, regulación y vigilancia de la industria eléctrica por medio de la Secretaría de Energía y la Comisión Reguladora de Energía en sus esferas de competencia y que los objetivos serán garantizar la eficiencia, calidad, confiabilidad, continuidad y seguridad del Sistema Eléctrico Nacional, la sustentabilidad, el impulso de la inversión y competencia, la expansión eficiente de la industria eléctrica con respeto a los derechos humanos de las comunidades y pueblos, el fomento de la diversificación de la matriz de generación de energía eléctrica, así como la seguridad energética nacional, la universalización del suministro eléctrico y la protección de los usuarios finales.

El artículo 14 párrafo cuarto fracción I de Ley de la Industria Eléctrica indica que se procurará la operación del Sistema Eléctrico Nacional en condiciones de eficiencia, calidad, confiabilidad, continuidad, seguridad y sustentabilidad principios recurrentes en la ley.

Por otra parte, la Ley de Transición[85] energética en su artículo 2 fracción II señala como uno de los objetivos de esa ley es facilitar el cumplimiento de las metas de Energías Limpias y Eficiencia Energética establecidos en la Ley de una manera económicamente viable. Una de las constantes de los objetivos es disminuir la emisión de contaminantes.

En el artículo 30 respecto del apoyo del Centro Nacional de Control de Energía debe recibir del Servicio Meteorológico Nacional se mencionan los principios de confiabilidad, continuidad y estabilidad en la transmisión y distribución de la energía eléctrica.

| **MENCIONES A PRINCIPIOS QUE DEBE CONTENER LA GENERACIÓN Y DISTRIBUCIÓN DE ENERGÍA ELÉCTRICA** | |
|---|---|
| Ley de la Industria Eléctrica | Ley de Transición Energética |
| Eficiencia | económicamente viable |
| Calidad | disminuir la emisión de contaminantes |
| Confiabilidad | confiabilidad |
| Continuidad | continuidad |
| Seguridad del Sistema Eléctrico Nacional | estabilidad en la transmisión y distribución de la energía eléctrica |
| Sustentabilidad | |

85 Cfr. https://www.diputados.gob.mx/LeyesBiblio/pdf/LTE.pdf

| MENCIONES A PRINCIPIOS QUE DEBE CONTENER LA GENERACIÓN Y DISTRIBUCIÓN DE ENERGÍA ELÉCTRICA | |
|---|---|
| Impulso de la inversión y competencia | |
| Expansión eficiente de la industria eléctrica | |
| Respeto a los derechos humanos de las comunidades y pueblos | |
| Seguridad energética nacional | |
| Universalización del suministro eléctrico | |
| Protección de los usuarios finales | |

Tabla 6. Elaboración propia.

Un concepto apropiado de Soberanía Energética es necesario a fin de dejar en claro a que se refiere cuando se utiliza este término. Consideramos que la Soberanía Energética se vincula no solo con el desarrollo económico de un país sino con el desarrollo humano. Así tenemos que la energía eléctrica es una llave al goce de otros derechos como lo puede ser la alimentación, la vivienda digna, la educación, entre otros.

La Soberanía Energética como hemos visto está relacionado con la Seguridad Energética, en cuanto a la confiabilidad del sistema eléctrico o de energía de un país esté resguardado ante amenazas, además de que sea confiable y continuo. Hemos visto que se puede tener un sistema energético dependiente pero no vulnerable por lo que se debe buscar el mayor beneficio al país en cuanto a la producción de energía o en su caso la importación de esta.

El tema ambiental es fundamental, ya hemos visto que en cuanto a que todas las autoridades tienen la obligación de respetar los derechos humanos por mandato del artículo 1 constitucional y el artículo 4 señala el derecho a un medio ambiente sano, se deben buscar las alternativas menos dañinas para el medio ambiente y para los seres humanos para producir energía. Consideramos que un concepto de Soberanía Energética debe tomar en cuenta los elementos que anunciamos anteriormente, así como los principios que se enuncian en la legislación mexicana.

Un concepto de Soberanía en un mundo globalizado pareciera entrar en conflicto cuando cada vez más Estados tienen interacciones entre ellos y algunas se supeditan a instituciones supranacionales o acuerdos en los que se renuncia de alguna manera soberanía a fin de tener beneficios comerciales. Las relaciones comerciales han afianzado la economía de países, pero también han creado dependencia, las cuales nos parece se exhibieron en 2020 con la pandemia de COVID-19 y la parálisis de las cadenas de suministros.

Lo anterior lo señalamos porque también se puede generar Soberanía con cierta dependencia, aunque pareciera contraintuitivo, ya que, si los costos de generar energía resultan a partir de la compra de energía a otro país y eso garantiza la Seguridad Energética, el país comprador estaría generando un beneficio a su economía.

En cuanto a la Soberanía Energética proponemos la siguiente definición "es la capacidad que tiene un país para generar y distribuir con la rectoría del Estado energía de calidad, confiable, continua, segura, eficiente, eficaz y estable en la transmisión y distribución a la industria y a las personas en su territorio de manera sustentable, obtenida de cualquier fuente de generación, enfocado en una política que impulse la expansión de la capacidad instalada, el ahorro de energía y la universalización del servicio con respeto a los derechos humanos de las personas".

## *Capítulo 3*

# *De la Rectoría del Estado al Estado Garante*

La Rectoría del Estado se ha planteado en México como una cuestión indispensable en materia energética, los artículos 25 y 28 indicaban la rectoría económica del Estado Mexicano que tenía como objetivo dirigir e impulsar el crecimiento económico; sin embargo, esto no significaba que los ciudadanos pudieran exigir algún tipo de conducta o medidas con relación a una o varias áreas de la industria nacional, así lo reflexionó el Tribunal en Pleno de la Suprema Corte de Justicia de la Nación[86]:

> RECTORÍA ECONÓMICA DEL ESTADO EN EL DESARROLLO NACIONAL. LOS ARTÍCULOS 25 Y 28 CONSTITUCIONALES QUE ESTABLECEN LOS PRINCIPIOS RELATIVOS, NO OTORGAN DERECHOS A LOS GOBERNADOS, TUTELABLES A TRAVÉS DEL JUICIO DE AMPARO, PARA OBLIGAR A LAS AUTORIDADES A ADOPTAR DETERMINADAS MEDIDAS
>
> Los artículos 25 y 28 de la Carta Magna establecen, en esencia, la rectoría económica del Estado para garantizar el crecimiento económico del país, que se cumple, en los términos previstos en los propios preceptos constitucionales, mediante diversas acciones en que el Estado alienta la producción, concede subsidios, otorga facilidades a empresas de nueva creación, estimula la exportación de sus productos, concede facilidades para la importación de materias primas y prohíbe los monopolios, esto es, todo acto que evite o tienda a evitar la libre concurrencia en la producción industrial o comercial y, en general, todo lo que constituye una ventaja exclusiva e indebida en favor de una o varias personas, con perjuicio del pueblo en general o de una clase social; pero en este señalado aspecto de dirección estatal no conceden garantía individual alguna que autorice a los particulares a exigir, en vía de amparo, que para cumplir con tales encomiendas constitucionales, el Estado deba adoptar ciertas medidas y seguir determinadas direcciones, como establecer singulares requisitos de ca-

---

86 Tesis: P. CXIV/2000 Fuente: Semanario Judicial de la Federación y su Gaceta. Tomo XII, Agosto de 2000, página 149 Tipo: Aislada Registro digital: 191360.

lidad para la elaboración y envasado de productos, con el pretendido propósito de proteger la economía nacional, pretensión que carece de sustento constitucional.

Esta tesis aislada definía lo que fue la relación entre Gobierno y ciudadanía durante muchos años, es decir, la imposición de una política sin que existiera un ente que verificara si las políticas diseñadas eran adecuadas para la economía. Posteriormente ya como jurisprudencia el Poder Judicial de la Federación indicaba que, si bien el Estado puede alentar la industria, la importación, la exportación y otorgar subsidios, esto no significa que la ciudadanía puede hacer exigible mediante un juicio de amparo que el Gobierno adopte medidas económicas de cualquier tipo, ya que el artículo 25 de la Constitución está encaminado a proteger la economía nacional con acciones que están basadas en el mismo texto constitucional[87].

Las áreas estratégicas surgen en el derecho positivo mexicano a raíz del Decreto que reforma y adiciona los artículos 16, 25, 26, 27,

---

[87] Tesis: 2a./J. 1/2009.
Fuente: Semanario Judicial de la Federación y su Gaceta. Tomo XXIX, Febrero de 2009, página 461Tipo: Jurisprudencia Registro digital: 167856
RECTORÍA ECONÓMICA DEL ESTADO EN EL DESARROLLO NACIONAL. EL ARTÍCULO 25 DE LA CONSTITUCIÓN POLÍTICA DE LOS ESTADOS UNIDOS MEXICANOS, NO OTORGA A LOS GOBERNADOS GARANTÍA INDIVIDUAL ALGUNA PARA EXIGIR, A TRAVÉS DEL JUICIO DE AMPARO, QUE LAS AUTORIDADES ADOPTEN CIERTAS MEDIDAS, A FIN DE CUMPLIR CON LOS PRINCIPIOS RELATIVOS A AQUÉLLA.
El citado precepto establece esencialmente los principios de la rectoría económica del Estado para garantizar el crecimiento económico del país, lo que se logrará mediante acciones estatales que alienten a determinados sectores productivos, concedan subsidios, otorguen facilidades a empresas de nueva creación, concedan estímulos para importación y exportación de productos y materias primas y sienten las bases de la orientación estatal por medio de un plan nacional; sin embargo, no concede garantía individual alguna que autorice a los particulares a exigir, a través del juicio de amparo, que las autoridades adopten ciertas medidas para cumplir con tales encomiendas constitucionales, pues el pretendido propósito del artículo 25 de la Constitución Política de los Estados Unidos Mexicanos, se dirige a proteger la economía nacional mediante acciones estatales fundadas en una declaración de principios contenida en el propio precepto de la Ley Fundamental.

fracciones XIX y XX; 28, 73, fracciones XXIX-D; XXIX-E; y XXIX-F de la Constitución Política de los Estados Unidos Mexicanos de 2 de febrero de 1983[88], estás áreas son en las cuales solo el Estado tendría intervención eso en razón de la soberanía económica y en atención al interés general así lo reflexionó la Segunda Sala de la Suprema Corte de Justicia de la Nación[89]:

> ÁREAS ESTRATÉGICAS. SU CONCEPTO
>
> La expresión indicada se agregó al texto constitucional mediante decreto publicado en el Diario Oficial de la Federación de 3 de febrero de 1983, por el que se reformaron y adicionaron, entre otros, los artículos 25, 26, 27 y 28 de la Constitución Política de los Estados Unidos Mexicanos, en virtud de que se incorporó un capítulo económico que tuvo como objetivo fijar los fines de la rectoría del Estado mediante el fomento del crecimiento económico, estableciendo y ordenando de manera explícita sus atribuciones en esa materia, en aras del interés general; de ahí que se introdujeron distintos conceptos como el de "áreas estratégicas", entendidas como aquellas actividades económicas reservadas para uso exclusivo del Estado, a través de los organismos y empresas que requiera para su eficaz manejo, que ameritan esa categoría por razones de interés general necesario para el desarrollo económico del país, es decir, son aquellas funciones identificadas con la soberanía económica, los servicios a cargo exclusivo del Gobierno Federal y la explotación de bienes de dominio directo, que por su significado social y nacional se orientan por el interés general que sólo garantiza el manejo del Estado, tal como lo estableció el Poder Revisor de la Constitución.

Se señalan dos áreas en la Constitución, la estratégica y la prioritaria, regulados en los artículos 25 y 28 constitucionales[90], además de eso otra diferencia entre estas áreas es que en las áreas prioritarias sí podrían tener intervención social o particular, pero bajo la supervisión del Estado. De acuerdo con Jaime Cárdenas[91] las reformas de

---

88 Vid https://www.dof.gob.mx/nota_to_imagen_fs.php?cod_diario=206369 &pagina=4&seccion=0

89 Tesis: 2a. XLIV/2017 (10a.), Fuente: Gaceta del Semanario Judicial de la Federación. Libro 40, Marzo de 2017, Tomo II, página 1382. Tipo: Aislada Registro Digital 2013961.

90 Vid. https://www.dof.gob.mx/nota_to_imagen_fs.php?cod_diario=206369 &pagina=5&seccion=0

91 Cfr. Cárdenas, Jaime. El derecho soberano a la regulación interna: el caso de la energía eléctrica desde la Constitución y el T-MEC disponible en

2013 modificaron la forma en cómo se entendían las áreas estratégicas y prioritarias. En particular se pronuncia sobre las estratégicas al señalar que en éstas no cabían concesiones ni participación de particulares, ya que la propia Constitución indica que no se tratan de monopolios sino de una posición privilegiada del Estado, así lo explica:

> El entendimiento de las áreas estratégicas y prioritarias hasta diciembre de 2013 es que se trataba, en el caso de las estratégicas, de ámbitos de la economía que sólo podían ser desarrollados por el Estado, y tratándose de prioritarias se permitía la intervención de privados, pero no en condiciones de libre competencia. Es decir, el modelo económico constitucional de México no es de economía de mercado pura, sino de economía mixta.
>
> A la luz de la reforma de 1983 a la Constitución, resulta fundamental entender la diferencia entre área estratégica y prioritaria. Un área estratégica, según el párrafo cuarto del artículo 28 de la Constitución, comporta que el Estado tiene sobre ella exclusividad en su funcionamiento, operación y explotación; en cambio, un área prioritaria faculta al Estado para otorgar concesiones o permisos sobre su funcionamiento, operación y explotación.
>
> Lo anterior quería decir que sobre un área estratégica no cabían las concesiones ni los permisos, que las actividades que constituían las áreas estratégicas no implicaban monopolios, y que el sector público tenía a su cargo, de manera exclusiva, las áreas estratégicas; que el gobierno federal debe mantener la propiedad y el control de los organismos que se establecieran para atender las áreas estratégicas, y que las áreas estratégicas entrañaban una posición de privilegio para el Estado que no podía ser compartida con el sector privado.

José Roldán Xopa[92] coincide en que las reformas del año 2013 dieron un cambio a la regulación energética y a la forma en como el Estado operaba en áreas estratégicas. Estas reformas dieron lugar al Estado Regulador, Xopa[93] lo explica de la siguiente manera:

> La idea del Estado regulador supone que el Estado deja de tener una intervención directa en la economía (lo que no ocurre del todo en el caso mexicano) y, al perder instrumentos de intervención directa y desplazar a los particulares sus anteriores actividades de intervención económica directa y de gestión de servicios, se constriñe a sus po-

---

https://revistas.juridicas.unam.mx/index.php/hechos-y-derechos/article/view/16992/17538 .

92 Xopa Roldán, José. Ob. cit., p. 117

93 Ibidem, p. 121

> testades públicas de normación, inspección, verificación, sanción y conducción de políticas públicas.

El Poder Judicial no fue ajeno a la discusión sobre la conceptualización del Estado regulador, así la Segunda Sala en su reflexión señala que el Estado además de su papel tradicional de vigilante del orden público, actúa como regulador en la planificación de actividades económicas, sociales y culturales para alcanzar ciertos fines. Este enfoque marca la transición de un Estado de Derecho subsidiario a un Estado Social de Derecho, donde el Estado tiene un papel central en la dirección económica. Las sanciones en este ámbito se aplican considerando a los particulares como sujetos activos en mercados regulados o como prestadores de servicios concesionados.

La Segunda Sala menciona elementos característicos de este tipo de Estado[94],a saber son el principio de legalidad, por el cual el Po-

---

[94] Tesis: 1a. CCCXVII/2014 (10a.) Fuente: Gaceta del Semanario Judicial de la Federación. Libro 10, Septiembre de 2014, Tomo I, página 574, Registro digital 2007408
ESTADO REGULADOR. PARÁMETRO CONSTITUCIONAL PARA DETERMINAR LA VALIDEZ DE SUS SANCIONES.
Existe un ámbito en donde el Estado vigila la desviación de la conducta prescrita jurídicamente no sólo en su calidad de Estado policía o vigilante, sino en su papel de Estado regulador, esto es, en ejercicio de su facultad constitucional de planificación de actividades económicas, sociales y culturales, para la realización de ciertos fines, que no podrían cumplirse si se dejaran al libre intercambio de las personas, a quienes, por tanto, no se les concibe como sujetos pasivos de una potestad coactiva, sino como sujetos participantes y activos de un cierto sector o mercado regulado. Así, esta nota planificadora o reguladora ha marcado el tránsito de un modelo de estado de derecho, en donde el Estado tenía una función subsidiaria y secundaria para intervenir en caso de una ruptura del orden público, al estado social de derecho, en donde el Estado tiene una función central de rectoría económica, cuyo fundamento se encuentra conjunta y principalmente en los artículos 25 y 28 de la Constitución Política de los Estados Unidos Mexicanos. Ahora bien, debe destacarse que las sanciones impuestas en este sector presuponen un contexto diferenciado, en el que los particulares se ubican como sujetos activos y participantes de ciertos mercados, o como prestadores de un servicio concesionado o permisionarios para la explotación de un bien público, por lo que su conducta está regulada por normas, que si bien tienen como marco una ley que establece las líneas regulativas

der Legislativo sea el lugar donde se delinea la rectoría del Estado y por otro parte los principios de eficiencia y planeación, mediante el cual órganos expertos y técnicos conduzcan los principios de política pública mediante la emisión de normas técnicas que el legislador no haya previsto, esto es así debido al grado de complejidad que puede requerir un área y en caso de conducirse solamente mediante la legislación ocasionar un daño en la operatividad de las políticas públicas ya que las normas correrían el riesgo de quedar obsoletas, con esto se evita la parálisis de algunos sectores y la rigidez legislativa.

El Tribunal en Pleno de la Suprema Corte de Justicia de la Nación[95], reflexionó que el Estado Mexicano adoptó el modelo de Es-

---

principales, también se integra por una pluralidad de instrumentos normativos, como son reglamentos, normas oficiales mexicanas u otras de naturaleza administrativa, que son requeridas por la regulación especializada técnica y flexible para la realización de ciertos fines de políticas públicas, establecidos en la Constitución o en las leyes las que, en contrapartida, se han de desarrollar por órganos administrativos igualmente especializados y técnicos. De ahí que el modelo de Estado regulador supone un compromiso entre principios: el de legalidad, el cual requiere que la fuente legislativa, con legitimidad democrática, sea la sede de las decisiones públicas desde donde se realice la rectoría económica del Estado, y los principios de eficiencia y planificación que requieren que los órganos expertos y técnicos sean los que conduzcan esos principios de política pública a una realización óptima, mediante la emisión de normas operativas que no podrían haberse previsto por el legislador, o bien, estarían en un riesgo constante de quedar obsoletas, pues los cambios en los sectores tecnificados obligaría a una adaptación incesante poco propicia para el proceso legislativo y más apropiado para los procedimientos administrativos.

95 Tesis: P./J. 46/2015 (10a.) Fuente: Gaceta del Semanario Judicial de la Federación. Libro 26, Enero de 2016, Tomo I, página 339 Tipo: Jurisprudencia Registro digital: 2010881
ESTADO REGULADOR. EL MODELO CONSTITUCIONAL LO ADOPTA AL CREAR A ÓRGANOS AUTÓNOMOS EN EL ARTÍCULO 28 DE LA CONSTITUCIÓN POLÍTICA DE LOS ESTADOS UNIDOS MEXICANOS.
De la exposición de las razones del Constituyente Permanente en relación con la reforma constitucional publicada en el Diario Oficial de la Federación el 11 de junio de 2013, se observa que el modelo constitucional adopta en su artículo 28 la concepción del Estado Regulador, entendido como el modelo de diseño estatal insertado para atender necesidades muy específicas de la sociedad postindustrial (suscitadas por el funcionamiento de mer-

tado Regulador a raíz de las reformas constitucionales de 2013 al artículo 28 Constitucional y que esto se da como parte de la atención que se debe dar a mercados complejos característicos de la era postindustrial. Este modelo busca un equilibrio entre la eficiencia del mercado y los derechos humanos.

Con motivo de este cambio constitucional se da la coexistencia de órganos reguladores con competencias cuasi legislativas, cuasi jurisdiccionales y cuasi ejecutivas, con la preservación de la división de poderes y la cláusula democrática. Estos órganos, dotados de autonomía técnica, pueden producir normas sin que medie la intervención del Poder Legislativo, por lo que la emisión de normas es de

---

cados complejos), mediante la creación de ciertas agencias independientes —de los órganos políticos y de los entes regulados— para depositar en éstas la regulación de ciertas cuestiones especializadas sobre la base de disciplinas o racionalidades técnicas. Este modelo de Estado Regulador, por regla general, exige la convivencia de dos fines: la existencia eficiente de mercados, al mismo tiempo que la consecución de condiciones equitativas que permitan el disfrute más amplio de todo el catálogo de derechos humanos con jerarquía constitucional. Ahora, la idea básica del Estado Regulador, busca preservar el principio de división de poderes y la cláusula democrática e innovar en la ingeniería constitucional para insertar en órganos autónomos competencias cuasi legislativas, cuasi jurisdiccionales y cuasi ejecutivas suficientes para regular ciertos sectores especializados de interés nacional; de ahí que a estos órganos se les otorguen funciones regulatorias diferenciadas de las legislativas, propias del Congreso de la Unión, y de las reglamentarias, concedidas al Ejecutivo a través del artículo 89, fracción I, constitucional. Este diseño descansa en la premisa de que esos órganos, por su autonomía y aptitud técnica, son aptos para producir normas en contextos de diálogos técnicos, de difícil acceso para el proceso legislativo, a las que puede dar seguimiento a corto plazo para adaptarlas cuando así se requiera, las cuales constituyen reglas indispensables para lograr que ciertos mercados y sectores alcancen resultados óptimos irrealizables bajo la ley de la oferta y la demanda. Pues bien, al introducirse el modelo de Estado Regulador en la Constitución, se apuntala un nuevo parámetro de control para evaluar la validez de los actos y normas de los órganos constitucionales autónomos, quienes tienen el encargo institucional de regular técnicamente ciertos mercados o sectores de manera independiente únicamente por referencia a racionalidades técnicas especializadas, al gozar de una nómina propia de facultades regulatorias, cuyo fundamento ya no se encuentra en la ley ni se condiciona a lo que dispongan los Poderes clásicos.

forma rápida, de esta manera se crean normas de manera expedita y se adaptan las mismas según sea necesario para garantizar resultados óptimos en sectores especializados.

El modelo de Estado Regulador introduce un nuevo parámetro de control para evaluar la validez de los actos de los órganos autónomos, quienes regulan independientemente de los poderes clásicos basados en racionalidades técnicas especializadas.

Respecto del nivel de autonomía de los órganos reguladores que para efectos del tema energético se crearon, los parámetros son distintos a otros como por ejemplo los relativos a telecomunicaciones y competencia económica, así lo señala Roldán Xopa[96]:

> Los órganos constitucionales autónomos configuran un estatuto y un régimen jurídico (acción para promover controversia constitucional, no pertenencia a la administración pública federal, ratificación por el Senado); los órganos reguladores coordinados son previstos por fuente constitucional, pero carecen del estatuto de órganos constitucionales autónomos (pertenencia a la administración pública federal, carencia de acción para promover controversia constitucional, nombramiento por el Senado). Ambos tipos de órganos cuentan con personalidad jurídica y patrimonio propios, cuentan con autonomía presupuestal y están sujetos al control jurisdiccional en sus actuaciones.

Los Órganos Reguladores Coordinados en materia de energía son[97]:

a) La Comisión Nacional de Hidrocarburos y;

b) la Comisión Reguladora de Energía,

Ambas son dependencias del Poder Ejecutivo Federal.

---

96 Cfr. Roldán Xopa, José. La Autonomía Constitucional de los Órganos Reguladores. hacia una reconstrucción conceptual en Poderes tradicionales y órganos constitucionales autónomos. P 32., López Olvera, Miguel Alejandro coordinador. Instituto de Investigaciones Jurídicas UNAM. Disponible en https://biblio.juridicas.unam.mx/bjv/detalle-libro/6169-poderes-tradicionales-y-organos-constitucionales-autonomos visto el 15 de mayo de 2024

97 Vid artículo 2 de la Ley de los Órganos Reguladores Coordinados en Materia Energética disponible en https://www.diputados.gob.mx/LeyesBiblio/pdf/LORCME_200521.pdf visto el 15 de mayo de 2024.

En cuanto al alcance de su autonomía el artículo 3 de la Ley de los Órganos Reguladores Coordinados en Materia Energética señala que tendrán la siguiente autonomía:

1. Técnica,
2. Operativa
3. de Gestión.

Dichas dependencias cuentan con personalidad jurídica y pueden disponer de los ingresos derivados de los derechos y los aprovechamientos establecidos por los servicios que prestan conforme a sus atribuciones y facultades. Sobre la Comisión Reguladora de Energía se abundará más adelante.

Las bases para la creación del Estado Regulador se dieron en los artículos 25 y 28 constitucionales y en los transitorios del DECRETO por el que se reforman y adicionan diversas disposiciones de la Constitución Política de los Estados Unidos Mexicanos, en Materia de Energía esto con el riesgo que conlleva que normas que tienen una eficacia que fenece regulen condiciones de la reforma.

Como una nota a lo anterior cabe apuntar que al quedar supeditados los órganos reguladores coordinados en materia energética a la política que en su oportunidad determine el titular del Poder Ejecutivo la regulación pudiera cambiar hacia un modelo distinto de regulación pero este también debe atender cambios no solo legales sino constitucionales. Al respecto del cambio constitucional es pertinente atender lo señalado por Sergio Ampudia Mello[98]:

> La energía, se significa por rasgos regulatorios que son objeto de una visión constitucional: i) Su pertinencia al capítulo económico de la Constitución, no al de derechos humanos; ii) Su dicotomía, en cuanto insumo en la producción de bienes o servicios, pero también como producto o servicio comercializable; iii) Su relevancia e incidencia en problemas económicos globales, como es el cambio climático.

---

98 Cfr. Ampudia Mello, Sergio. "LA ORDENACIÓN JURÍDICA DE LA ENERGÍA EN MÉXICO" Tesis para Obtener el Grado de Doctor en Derecho, p. 96. UNAM 2024. Disponible en http://132.248.9.195/ptd2024/ene_mar/0852318/Index.html visto el 27 de mayo de 2024.

El modelo regulatorio puede modificarse como se ha apuntado por vía constitucional y legal e introducir una regulación distinta, al respecto es interesante lo desarrollado por Magdalena Bas Vilizzio respecto del concepto que denomina "Soberanía Regulatoria"[99], así lo describe:

> En la soberanía regulatoria, la prohibición o limitación se ejerce frente a actores no estatales (empresas transnacionales) al cuestionar las medidas tomadas por los Estados. Tampoco se relaciona con la soberanía de interdependencia, ya que la nota de control se encuentra priorizada como en ella. No existe control de los flujos a través de las fronteras, sino un espacio inquebrantable de elaboración normativa en el interior del Estado que se proyecta al exterior de este para la construcción, modificación o abandono de regímenes internacionales (conjunto de normas, principios y reglas que rigen la conducta de sus miembros).

En cuanto al modelo que se pretenda impulsar Ampudia señala lo siguiente[100]:

> (...) se refieren a la ordenación de la economía energética cuando lo hace la Constitución y lo que, para nuestra tradición jurídica, significa el papel del Estado, ya sea que desde el punto de vista político se le considere Gendarme o de Bienestar, desde el punto de vista económico se le considere liberal o intervencionista o desde el punto de vista jurídico se le considere garante o regulador: no es lo mismo que a éste se le conciba como activo, es decir, responsable de crear las condiciones jurídicas y materiales necesarias para llevar al desarrollo o bien como garante, en cuanto a lo cual se debe constreñir a respetar los derechos humanos de los particulares, a la construcción de infraestructura, impartir justicia, mantener el orden interno y la defensa del exterior.
>
> Cualquiera que fuese la orientación decidida, ésta debe reconocerse en la Constitución y, si además, se encuentra en su capítulo económico es ahí donde habría que atisbar la verdadera naturaleza de los actos que al Estado corresponde realizar en materia de energía. (...)

---

99 Cfr. Bas Vilizzio, Magdalena. Hacia la soberanía regulatoria. Protección del espacio de política pública y solución de controversias inversor – Estado, p. 83. Biblioteca Plural, Universidad de la República de Uruguay.

100 Ob. cit., pp 96 y 97.

El modelo de regulación de la energía pudiera ser regulador, garante o de bienestar, pero siempre bajo una base constitucional que oriente la legislación y las políticas hacia los fines deseados.

## 3.1. COMISIÓN FEDERAL DE ELECTRICIDAD

La Comisión Federal de Electricidad se transformó por orden de un transitorio y con la vigencia de la Ley de la Comisión Federal de Electricidad. Los Artículos Tercero y Vigésimo Transitorio del DECRETO por el que se reforman y adicionan diversas disposiciones de la Constitución Política de los Estados Unidos Mexicanos, en Materia de Energía señalan la creación de las empresas productivas del Estado, Petróleos Mexicanos y Comisión Federal de Electricidad.

> Tercero. La ley establecerá la forma y plazos, los cuales no podrán exceder dos años a partir de la publicación de este Decreto, para que los organismos descentralizados denominados Petróleos Mexicanos y Comisión Federal de Electricidad se conviertan en empresas productivas del Estado. En tanto se lleva a cabo esta transición, Petróleos Mexicanos y sus organismos subsidiarios quedan facultados para recibir asignaciones y celebrar los contratos a que se refiere el párrafo séptimo del artículo 27 que se reforma por este Decreto. Asimismo, la Comisión Federal de Electricidad podrá suscribir los contratos a que se refiere el párrafo sexto del artículo 27 que se reforma por virtud de este Decreto.

Este transitorio señala la creación de la Comisión Federal de Electricidad en una empresa productiva del Estado y da operatividad a los contratos entre ésta y particulares en el servicio público de transmisión y distribución de energía eléctrica. El Segundo párrafo del Vigésimo transitorio indica:

> Una vez que los organismos descentralizados denominados Petróleos Mexicanos y sus organismos subsidiarios, y Comisión Federal de Electricidad, se conviertan en empresas productivas del Estado de conformidad con las leyes que se expidan para tal efecto en términos del transitorio tercero de este Decreto, no les serán aplicables las disposiciones relativas a la autonomía contenidas en las fracciones anteriores, sino hasta que conforme a las nuevas disposiciones legales se encuentren en funciones sus consejos de administración y estén en operación los mecanismos de fiscalización, transparencia y rendición de cuentas.

El artículo 2 de la Ley de la Comisión Federal de Electricidad[101] señala:

> Artículo 2.- La Comisión Federal de Electricidad es una empresa productiva del Estado de propiedad exclusiva del Gobierno Federal, con personalidad jurídica y patrimonio propios y gozará de autonomía técnica, operativa y de gestión, conforme a lo dispuesto en la presente Ley

El cambio a empresa productiva del Estado lleva consigo una forma distinta de entender la administración de la empresa y reglas señaladas en el Vigésimo Transitorio[102], como lo es la creación de

---

101 Vid. https://www.diputados.gob.mx/LeyesBiblio/pdf/LCFE.pdf

102 I. Su objeto sea la creación de valor económico e incrementar los ingresos de la Nación, con sentido de equidad y responsabilidad social y ambiental.
II. Cuenten con autonomía presupuestal y estén sujetas sólo al balance financiero y al techo de servicios personales que, a propuesta de la Secretaría del ramo en materia de Hacienda, apruebe el Congreso de la Unión. Su régimen de remuneraciones será distinto del previsto en el artículo 127 de esta Constitución.
III. Su organización, administración y estructura corporativa sean acordes con las mejores prácticas a nivel internacional, asegurando su autonomía técnica y de gestión, así como un régimen especial de contratación para la obtención de los mejores resultados de sus actividades, de forma que sus órganos de gobierno cuenten con las facultades necesarias para determinar su arreglo institucional.
IV. Sus órganos de gobierno se ajusten a lo que disponga la ley y sus directores sean nombrados y removidos libremente por el Titular del Ejecutivo Federal o, en su caso, removidos por el Consejo de Administración. Para el caso de empresas productivas del Estado que realicen las actividades de exploración y extracción de petróleo y demás hidrocarburos sólidos, líquidos o gaseosos en términos de lo previsto por el párrafo séptimo del artículo 27 de esta Constitución, la ley deberá establecer, entre otras disposiciones, que su Consejo de Administración se conforme de la siguiente manera: cinco consejeros del Gobierno Federal, incluyendo el Secretario del Ramo en materia de Energía quien lo presidirá y tendrá voto de calidad, y cinco consejeros independientes.
V. Se coordinen con el Ejecutivo Federal, a través de la dependencia competente, con objeto de que sus operaciones de financiamiento no conduzcan a un incremento en el costo de financiamiento del resto del sector público o bien, contribuyan a reducir las fuentes de financiamiento del mismo.

valor económico y de ingresos a la Nación con equidad, responsabilidad social y ambiental, otro punto es que los sueldos de las empresas productivas del Estado no están sujetas a las reglas del artículo 127 constitucional, es decir, pueden ganar más que el Presidente de la República.

La organización, administración y estructura de la empresa productiva deben ser acordes con las mejores prácticas internacionales y con autonomía técnica y de gestión. La remoción de sus consejeros se podrá hacer libremente por el Ejecutivo Federal o por el Consejo de Administración; se deberán de coordinar con el Ejecutivo por medio de la dependencia correspondiente para sus operaciones financieras sean sanas y equilibradas y por último contarán con un régimen especial en materia de adquisiciones, arrendamientos, servicios y obras públicas, presupuestaria, deuda pública, responsabilidades administrativas y demás que se requieran para la eficaz realización de su objeto.

Estos cambios acercan más a la empresa productiva del Estado a un ente privado en su manejo gerencial, pero con responsabilidades en el ámbito del derecho público para sus integrantes, ya que estos están sujetos a la Ley General de Responsabilidades Administrativas, es un ente con características de una sociedad anónima y una dependencia pública, esta fue en su momento una nueva figura en el derecho mexicano.

Con motivo de la Reforma de los artículos 25, 27 y 28 Constitucional se desaparece la conceptualización de empresa productiva del Estado para la Comisión Federal de Electricidad y se da paso a la Empresa Pública del Estado. El artículo 1 del proyecto de Ley de la Empresa Pública del Estado, Comisión Federal de Electricidad, la define:

---

VI. Cuenten, en términos de lo establecido en las leyes correspondientes, con un régimen especial en materia de adquisiciones, arrendamientos, servicios y obras públicas, presupuestaria, deuda pública, responsabilidades administrativas y demás que se requieran para la eficaz realización de su objeto, de forma que les permita competir con eficacia en la industria o actividad de que se trate.

> La empresa pública del Estado denominada Comisión Federal de Electricidad, es una entidad de la Administración Pública Federal sectorizada a la Secretaría de Energía, con independencia técnica, operativa y de gestión, personalidad jurídica, régimen especial y patrimonio propio.

El régimen especial al que se refiere es en materia de empresas filiales, remuneraciones y austeridad, adquisiciones, arrendamientos, servicios y obras, bienes, responsabilidades administrativas, presupuesto y contabilidad, deuda y sostenibilidad.

La siguiente tabla comparativa es de utilidad para advertir las diferencias en las definiciones de la Comisión Federal de Electricidad.

| **Ley de la Comisión Federal de Electricidad** | **Ley de la Empresa Pública del Estado, Comisión Federal de Electricidad** |
|---|---|
| Artículo 2.- La Comisión Federal de Electricidad es una empresa productiva del Estado de propiedad exclusiva del Gobierno Federal, con personalidad jurídica y patrimonio propios y gozará de autonomía técnica, operativa y de gestión, conforme a lo dispuesto en la presente Ley. | La empresa pública del Estado denominada Comisión Federal de Electricidad, es una entidad de la Administración Pública Federal sectorizada a la Secretaría de Energía, con independencia técnica, operativa y de gestión, personalidad jurídica, régimen especial y patrimonio propio. |

Tabla 7. Elaboración propia.

En la Ley de la Empresa Pública del Estado, Comisión Federal de Electricidad se señala un objeto distinto a la Ley de la Comisión Federal de Electricidad que al momento de escribir esta obra se encuentra vigente, ya que se elimina como finalidad el desarrollo de actividades empresariales, económicas, industriales y comerciales en términos de su objeto, de igual forma ya no se hace mención a la generación de valor económico y rentabilidad para el Estado Mexicano como su propietario. En cuanto al objeto la siguiente tabla ilustra las diferencias.

| Ley de la Comisión Federal de Electricidad | Ley de la Empresa Pública del Estado, Comisión Federal de Electricidad |
|---|---|
| -La Comisión Federal de Electricidad tiene por objeto prestar, en términos de la legislación aplicable, el servicio público de transmisión y distribución de energía eléctrica, por cuenta y orden del Estado Mexicano. | La Comisión Federal de Electricidad tiene como objeto procurar la justicia energética para el pueblo de los Estados Unidos Mexicanos y el desarrollo sustentable de las actividades de generación, almacenamiento, transmisión |

Tabla 8. Elaboración Propia.

De la simple lectura de los objetos se aprecia un entendimiento diverso del objeto de la Comisión Federal de Electricidad. En la reforma legislativa se indica que la Comisión Federal de Electricidad forma parte de la administración pública paraestatal.

## 3.2. LA FUNCIÓN REGULADORA DEL ESTADO EN EL SECTOR ENERGÉTICO

El Estado con la finalidad de ser más eficiente creó órganos reguladores encargados de sectores específicos. El Poder Judicial de la Federación ha señalado que los órganos reguladores ejercen su función acorde con el Principio de División de Poderes, si bien este argumento se utilizó para un órgano regulador de la materia de telecomunicaciones[103] se puede trasladar análogamente con otros órganos reguladores.

En la Jurisprudencia P./J. 45/2015 (10a.), la Suprema Corte de Justicia de la Nación señala que el principio de división de poderes, establecido en el artículo 49 de la Constitución mexicana, regula las relaciones jurídicas entre los Poderes y debe entenderse más allá de una interpretación literal. Como elemento articulador del Estado, funciona tanto limitando el poder público como generando posibi-

103 Tesis: P./J. 45/2015 (10a.) Fuente: Gaceta del Semanario Judicial de la Federación. Libro 25, Diciembre de 2015, Tomo I, página 38. Instancia: Pleno Registro digital: 2010672

lidades creativas de actuación, adaptándose dinámicamente a cada momento histórico.

En ese sentido, el Estado creó órganos reguladores con una competencia especializada, al respecto Gonzalo Sánchez de Tagle[104] señala:

> El principio de deferencia o competencia especializada comprende la atribución a una agencia del Estado con alto grado de conocimiento técnico para expedir regulación o normas administrativas generales dirigidas a mercados, industrias o a servicios en concreto, sobre la racionalidad de consideraciones de alta complejidad.

Uno de esos sectores especializados es el sector energético, por lo cual a partir de la década del 90 del siglo XX el Estado Mexicano creó órganos especializados, esto es así porque al ser un sector tan dinámico podría verse obsoleto ante la falta de regulación. Sánchez Tagle[105] al respecto de la especialización menciona lo siguiente:

> No es la materia la que determina en sí misma la deferencia técnica, sino la forma o el modo en que se desarrolla el mercado de bienes o servicios, sus características y evolución, así como el interés público, lo que determina la competencia especializada para expedir política regulatoria.

## 3.3. COMISIÓN REGULADORA DE ENERGÍA

Las dificultades para financiar la expansión de la red eléctrica incidieron en el impulso de reformas legislativas en la década de los 90 como lo indicamos anteriormente en este trabajo. En esas reformas surge la Comisión Reguladora de Energía. Estas reformas permitieron la participación de particulares en la generación de energía eléctrica y el gas por lo que se hacía necesario una entidad que regulara este mercado naciente. En materia de generación de energía surgie-

---

104 Sánchez Tagle P.S. Gonzalo, El estado regulador en México, p. 86. INSTITUTO BELISARIO DOMÍNGUEZ, SENADO DE LA REPÚBLICA. Disponible en http://bibliodigitalibd.senado.gob.mx/bitstream/handle/123456789/4192/DGIE_cuaderno_EDO_regulador.pdf?sequence=1&isAllowed=y

105 Ibidem, p. 88

ron las figuras bajo las cuales los privados generarían con permiso del Estado electricidad, nos referimos al autoabastecimiento, cogeneración, producción independiente y pequeña producción.

El artículo tercero transitorio del Decreto de reformas a la Ley del Servicio Público de Energía Eléctrica del 23 de diciembre de 1992 indicó textualmente[106]:

> Para una mayor atención y eficiente despacho de los asuntos de la competencia de la Secretaría de Energía, Minas e Industria Paraestatal en materia de regulación de energía, el Ejecutivo Federal dispondrá la constitución de una Comisión Reguladora, como órgano desconcentrado de la citada Dependencia, con facultades específicas para resolver las diversas cuestiones que origine la aplicación de esta Ley o la de los ordenamientos relacionados con los aspectos energéticos en todo el territorio nacional. Al crearse dicho órgano se establecerán, con arreglo a esta disposición, su estructura, organización y funciones, así como la participación de otras dependencias involucradas, para el adecuado cumplimiento de sus fines.

El Decreto anterior fue el antecedente de la Comisión, posteriormente el 4 de octubre de 1993 se publicó el DECRETO por el que se crea la Comisión Reguladora de Energía como un órgano administrativo desconcentrado de la Secretaría de Energía, Minas e Industria Paraestatal se dan las bases con las cuales funcionaría la Comisión. Este Decreto entró en vigor el 3 de enero de 1994[107].

El artículo Segundo de este Decreto indica que la Comisión Reguladora de Energía será el órgano técnico responsable de resolver las cuestiones derivadas de la aplicación de las disposiciones reglamentarias del Artículo 27 Constitucional en materia de energía eléctrica. Para cumplir con sus funciones regulatorias la Comisión Reguladora de Energía fue dotada de muchas atribuciones, las cuales van desde las opiniones técnicas, la realización de estudios y la formación de personal especializado hasta la supervisión de contratos de adquisición de capacidad y de energía eléctrica celebrados entre los permisionarios y la Comisión Federal de Electricidad, así como la aproba-

---

106 Vid https://www.diputados.gob.mx/LeyesBiblio//abro/lspee/LSPEE_ref04_23dic92_ima.pdf

107 Vid https://www.dof.gob.mx/nota_detalle.php?codigo=4789285&fecha=04/10/1993#gsc.tab=0

ción de los criterios de cobro por transmisión de energía eléctrica, entre otros.

| ATRIBUCIONES DE LA COMISIÓN REGULADORA DE ENERGÍA | |
|---|---|
| **I.-** Realizar las actividades que le señale la Secretaría de Energía, Minas e Industria Paraestatal en materia de regulación de energía eléctrica, salvo aquéllas que por disposiciones legales o reglamentarias se le atribuyan expresamente al titular de dicha Secretaría o alguna de sus unidades administrativas; | **II.-** Realizar estudios, trámites y otras actividades que le encomiende la Secretaría de Energía, Minas e Industria Paraestatal, derivadas de la aplicación del Artículo 27 Constitucional y sus disposiciones reglamentarias en la rama de energía eléctrica, excepto aquellas actividades reservadas al titular de dicha dependencia o a cualesquiera de sus unidades administrativas; |
| **III.-** Opinar sobre los criterios y lineamientos que permitan dar unidad y congruencia a los programas y acciones del Gobierno Federal en materia de regulación de energía; | **IV.-** Elaborar estudios sistemáticos para la revisión del marco normativo que rige la actividad del sector energético; proponer las adecuaciones, modificaciones y actualizaciones de las normas, reglas y procedimientos administrativos que resulten pertinentes; |
| **V.-** Promover, en coordinación con las entidades paraestatales competentes y con los particulares, el desarrollo de actividades encaminadas a la formación de recursos humanos de alto nivel en materia de energía eléctrica; | **VI.-** Actuar como órgano auxiliar técnico y consultivo de la Secretaría de Energía, Minas e Industria Paraestatal en materia de energía eléctrica; |
| **VII.-** Opinar sobre el programa sectorial de energía eléctrica, así como sobre sus adecuaciones, y los programas regionales y especiales relacionados con el sector de energía eléctrica; | **VIII.-** Opinar sobre el otorgamiento de permisos para autoabastecimiento, cogeneración, producción independiente, pequeña producción y generación para exportación e importación de energía eléctrica; |
| **IX.-** Evaluar y comparar los niveles de eficiencia técnica en la operación de plantas generadoras de energía eléctrica de las entidades paraestatales y los particulares; | **X.-** Ejercer las facultades de regulación y supervisión a fin de que en la prestación del servicio público de energía eléctrica, se aproveche aquélla que resulte de menor costo para la Comisión Federal de Electricidad y ofrezca la mayor estabilidad, calidad y seguridad, en los términos de las disposiciones legales y reglamentarias aplicables; |

| ATRIBUCIONES DE LA COMISIÓN REGULADORA DE ENERGÍA | |
|---|---|
| **XI.-** Participar en la realización de los estudios relativos al establecimiento de los precios y tarifas de los productos y servicios relacionados con la energía eléctrica, su ajuste, modificación o reestructuración a fin de promover la eficiencia y la competitividad del sector, así como aquéllos sobre el comportamiento de los precios y tarifas de energía eléctrica y evaluar el impacto de los mismos en la economía nacional; | **XII.-** Aprobar los criterios para la determinación de los cargos por los servicios de transmisión que la Comisión Federal de Electricidad proporcione a los particulares, así como aquéllos para determinar las modalidades aplicables a las tarifas por la capacidad de respaldo que el organismo preste a los mismos; |
| **XIII.-** Supervisar el cumplimiento de los contratos de adquisición de capacidad y de energía eléctrica celebrados entre los permisionarios y la Comisión Federal de Electricidad; | **XIV.-** Fungir como instancia conciliadora en las controversias que surjan entre las empresas permisionarias entre sí, o entre éstas y la Comisión Federal de Electricidad, y en su caso, emitir resolución arbitral en los términos de la legislación aplicable; |
| **XV.-** Conocer y atender para fines de conciliación y arbitraje, en su caso, las quejas y reclamaciones de los usuarios del servicio público de energía eléctrica; | **XVI.-** Realizar un inventario de los recursos en materia de energía eléctrica de la nación, así como estudiar el óptimo aprovechamiento de los mismos; |
| **XVII.-** Participar con las dependencias y unidades administrativas competentes en la formulación de las normas relativas al sector de energía eléctrica, en materia de equilibrio ecológico y protección al ambiente; | **XVIII.-** Proponer, para aprobación superior, los proyectos de normas oficiales mexicanas en materia de energía eléctrica, tomando en cuenta los planteamientos de las unidades administrativas de la Secretaría, así como participar en los comités de normalización respectivos, de conformidad con la Ley Federal sobre Metrología y Normalización; |
| **XIX.-** Actuar en coordinación con las unidades administrativas de la Secretaría, y | **XX.-** Las demás que le confieran las disposiciones legales o le señale el Secretario de Energía, Minas e Industria Paraestatal. |

Tabla 9. Elaboración propia.

La Comisión Reguladora de Energía se creó el 4 de octubre de 1993 en el sexenio de Carlos Salinas de Gortari; sin embargo, la ley de este órgano desconcentrado se dio en otro sexenio, el de Ernesto Zedillo Ponce de León, es así como el 31 de octubre de 1995, se publicó en el Diario Oficial de la Federación la Ley de la Comisión

Reguladora de Energía (CRE)[108]. Podemos decir que con la creación de la CRE y la emisión de la ley que regulaba sus atribuciones y funciones comenzó el Estado regulador en México.

En la Ley se establece que la CRE gozará de autonomía técnica y operativa, el artículo 2 de la ley estable el objeto que busca la Comisión el cual es el desarrollo eficiente de las actividades relacionadas en materia de energía eléctrica y de gas, las que corresponden específicamente a la energía eléctrica son las siguientes:

a) El suministro y venta de energía eléctrica a los usuarios del servicio público;
b) La generación, exportación e importación de energía eléctrica, que realicen los particulares;
c) La adquisición de energía eléctrica que se destine al servicio público;
d) Los servicios de conducción, transformación y entrega de energía eléctrica, entre las entidades que tengan a su cargo la prestación del servicio público de energía eléctrica y entre éstas y los titulares de permisos para la generación, exportación e importación de energía eléctrica;

El artículo 3 de la ley indica las atribuciones que tiene la Comisión Reguladora de Energía dentro de esto hay comunes a las industrias del gas y energía eléctrica, así también hay específicas para cada actividad regulada. Estas atribuciones varían de las que originalmente se dieron a la Comisión en su decreto de creación ya que en ese Decreto estaba enfocado únicamente a la industria eléctrica, la ley dota a la Comisión de atribuciones regulatorias en actividades tanto de la industria eléctrica como la gasera.

La siguiente tabla es para ilustrar las atribuciones comunes y las específicas de la industria eléctrica.

---

108 Vid https://www.diputados.gob.mx/LeyesBiblio/abro/lcre/LCRE_orig_31oct95.pdf

| ATRIBUCIONES DE LA COMISIÓN REGULADORA DE ENERGÍA | |
|---|---|
| **COMUNES** | **ESPECÍFICAS** |
| Aprobar modelos de convenios y contratos de adhesión para la realización de las actividades reguladas. | Participar en la determinación de las tarifas para el suministro y venta de energía eléctrica. |
| Expedir disposiciones administrativas de carácter general, aplicables a las personas que realicen actividades reguladas. | Aprobar los criterios y las bases para determinar el monto de las aportaciones de los gobiernos de las entidades federativas, ayuntamientos y beneficiarios del servicio público de energía eléctrica, para la realización de obras específicas, ampliaciones o modificaciones de las existentes, solicitadas por aquéllos para el suministro de energía eléctrica. |
| Proponer a la Secretaría de Energía actualizaciones al marco jurídico del sector de energía, y participar con las dependencias competentes en la formulación de los proyectos de iniciativas de leyes, decretos, disposiciones reglamentarias y normas oficiales mexicanas relativas a las actividades reguladas. | Verificar que en la prestación del servicio público de energía eléctrica, se adquiera aquélla que resulte de menor costo para las entidades que tengan a su cargo la prestación del servicio público y ofrezca, además, óptima estabilidad, calidad y seguridad para el sistema eléctrico nacional. |
| Llevar un registro declarativo y con fines de publicidad, sobre las actividades reguladas. | Aprobar las metodologías para el cálculo de las contraprestaciones por la adquisición de energía eléctrica que se destine al servicio público. |
| Actuar como mediador o árbitro en la solución de controversias de las actividades reguladas. | Aprobar las metodologías para el cálculo de las contraprestaciones por los servicios de conducción, transformación y entrega de energía eléctrica. |

| ATRIBUCIONES DE LA COMISIÓN REGULADORA DE ENERGÍA | |
|---|---|
| COMUNES | ESPECÍFICAS |
| Solicitar a las autoridades competentes la aplicación de medidas de seguridad, cuando tenga noticia de un hecho que pueda poner en peligro la salud y seguridad públicas. | Opinar, a solicitud de la Secretaría de Energía, sobre la formulación y seguimiento del programa sectorial en materia de energía; sobre las necesidades de crecimiento o sustitución de capacidad de generación del sistema eléctrico nacional; sobre la conveniencia de que la Comisión Federal de Electricidad ejecute los proyectos o que los particulares sean convocados para suministrar la energía eléctrica y, en su caso, sobre los términos y condiciones de las convocatorias y bases de licitación correspondientes. |
| Ordenar visitas de verificación, requerir la presentación de información y citar a comparecer a las personas que realicen actividades reguladas, a fin de supervisar y vigilar, en el ámbito de su competencia, el cumplimiento de las disposiciones jurídicas aplicables a las actividades reguladas. | |
| Imponer sanciones administrativas. | |

Tabla 10. Elaboración propia.

La ley de la Comisión Reguladora de Energía prescribió que la integración de esta será con 5 comisionados que incluye al Presidente de la Comisión, estos tomaran las decisiones de manera colegiada y en caso de empate tendrá el voto de calidad el presidente. Los Comisionados durarán 5 años en el cargo, y su designación será hecha por el Presidente de la República del Secretario de Energía.

El artículo 4 de la Ley de los Órganos Reguladores Coordinados en materia energética señala:

> El Ejecutivo Federal ejercerá sus facultades de regulación técnica y económica en materia de electricidad e hidrocarburos, a través de los Órganos Reguladores Coordinados en Materia Energética, a fin de promover el desarrollo eficiente del sector energético.

## 3.4. CENTRO NACIONAL DE CONTROL DE ENERGÍA

El Centro Nacional de Energía es parte de la Segunda Ola de regulación en materia energética, la que inició como hemos señalado up supra en la década de los 90. El CENACE surge con motivo de las reformas en materia energética del 20 de diciembre de 2013, como consecuencia de lo anterior, el 28 de agosto de 2014 se publica en el *Diario Oficial de la Federación* el Decreto por el cual se crea el Centro Nacional de Control de Energía[109].

Las razones señaladas en el considerando para la creación del Centro Nacional de Energía Eléctrica son las siguientes:

a) Mandato constitucional. El artículo Décimo Sexto Transitorio, inciso b), de las reformas de 20 de diciembre de 2013 prevé la creación del organismo público descentralizado denominado Centro Nacional de Control de Energía.

b) Mejores prácticas internacionales. Se indica que a nivel internacional se ha señalado la necesidad de contar con un organismo independiente que controle la operación de las redes de transporte y distribución de energía eléctrica y realice la planeación y el control operativo de la red de transmisión y las redes de distribución, así como el despacho de la energía y la administración del Mercado Eléctrico Mayorista.

De acuerdo con el artículo primero del Decreto de creación el Centro Nacional de Control de Energía es un organismo público descentralizado de la Administración Pública Federal, sectorizado a la Secretaría de Energía, con personalidad jurídica y patrimonio propios. El CENACE se integra por un Consejo de Administración y un Director General. El Consejo de Administración se conforma de la siguiente manera: El Secretario de Energía, quien lo presidirá; Dos representantes de la Secretaría, el cual uno de ellos deberá tener el rango de subsecretario, un representante de la Secretaría de Hacien-

---

109 Vid. https://www.dof.gob.mx/nota_detalle.php?codigo=5357927&fecha=28/08/2014#gsc.tab=0

da y Crédito Público que deberá contar con el rango de subsecretario y finalmente dos Consejeros Independientes.

Los principios con los cuales se ejercerán las funciones del CENACE de acuerdo con el artículo Segundo del Decreto de creación son: eficiencia, transparencia y objetividad, así como en condiciones de eficiencia, calidad, confiabilidad, continuidad, seguridad y sustentabilidad en cuanto a la operación del Sistema Eléctrico Nacional.

Las funciones del Centro Nacional de Control de Energía están señaladas también en la Ley de la Industria Eléctrica. Las facultades del Centro están contenidas en el artículo 108 de la Ley de la Industria Eléctrica[110] que se presentan en la siguiente tabla.

| FACULTADES DE LA COMISIÓN NACIONAL DE CONTROL DE ENERGÍA | |
|---|---|
| Ejercer el Control Operativo del Sistema Eléctrico Nacional. | Determinar los actos necesarios para mantener la Seguridad de Despacho, Confiabilidad, Calidad y Continuidad del Sistema Eléctrico Nacional y que deben realizar los Participantes del Mercado, Transportistas y Distribuidores, sujeto a la regulación y supervisión de la CRE en dichas materias. |
| Llevar a cabo los procesos de revisión, ajuste, actualización, y emisión de las Disposiciones Operativas del Mercado, con sujeción a los mecanismos y lineamientos que establezca la CRE. | Operar el Mercado Eléctrico Mayorista en condiciones que promuevan la competencia, eficiencia y no indebida discriminación. |
| Determinar la asignación y el despacho de las Centrales Eléctricas, de la Demanda Controlable y de los programas de importación y exportación, a fin de satisfacer la demanda de energía eléctrica en el Sistema Eléctrico Nacional, y mantener la Seguridad de Despacho, Confiabilidad, Calidad y Continuidad del Sistema Eléctrico Nacional. | Recibir las ofertas y calcular los precios de energía eléctrica y Productos Asociados que derivan del Mercado Eléctrico Mayorista, y recibir los programas de generación y consumo asociados a los Contratos de Cobertura con compromisos de entrega física, de conformidad con las Reglas del Mercado. |

110 Vid. https://www.diputados.gob.mx/LeyesBiblio/pdf/LIElec.pdf

| FACULTADES DE LA COMISIÓN NACIONAL DE CONTROL DE ENERGÍA | |
|---|---|
| Facturar, procesar o cobrar los pagos que correspondan a los integrantes de la industria eléctrica, de conformidad con esta Ley, las Reglas del Mercado y las demás disposiciones correspondientes. | Llevar a cabo subastas para la celebración de Contratos de Cobertura Eléctrica entre los Generadores y los representantes de los Centros de Carga. |
| Previa autorización de la CRE, llevar a cabo subastas a fin de adquirir potencia cuando lo considere necesario para asegurar la Confiabilidad del Sistema Eléctrico Nacional, y gestionar la contratación de potencia en casos de emergencia. | Coordinar la programación del mantenimiento de las Centrales Eléctricas que son representadas por Generadores en el Mercado Eléctrico Mayorista, así como de los elementos de la Red Nacional de Transmisión y de las Redes Generales de Distribución que correspondan al Mercado Eléctrico Mayorista. |
| Formular y actualizar un programa para la operación de las Centrales Eléctricas y de la Demanda Controlable Garantizada que presenten limitaciones sobre la energía total que pueden generar o dejar de consumir en un periodo, y calcular el costo de oportunidad con el que serán asignadas y despachadas. | Llevar el registro de costos y capacidades de las Centrales Eléctricas y de las capacidades de la Demanda Controlable Garantizada e informar a la CRE respecto a la consistencia entre las ofertas al Mercado Eléctrico Mayorista y los datos registrados. |
| Determinar los elementos de la Red Nacional de Transmisión y de las Redes Generales de Distribución que correspondan al Mercado Eléctrico Mayorista y determinar la asignación de responsabilidades y procedimientos de coordinación con los Transportistas y Distribuidores. | Formular y proponer a la Secretaría los programas de ampliación y modernización de la Red Nacional de Transmisión y de los elementos de las Redes Generales de Distribución que correspondan al Mercado Eléctrico Mayorista. |
| Identificar los Participantes del Mercado que sean beneficiarios de las ampliaciones de la Red Nacional de Transmisión y de los elementos de las Redes Generales de Distribución que correspondan al Mercado Eléctrico Mayorista. | Proponer a la CRE los criterios generales para la evaluación del beneficio neto al Sistema Eléctrico Nacional y para requerir garantías del desarrollo de la Central Eléctrica o el Centro de Carga. |

| FACULTADES DE LA COMISIÓN NACIONAL DE CONTROL DE ENERGÍA | |
|---|---|
| Someter a la autorización de la CRE las especificaciones técnicas generales requeridas para la interconexión de nuevas Centrales Eléctricas y la conexión de nuevos Centros de Carga y las demás especificaciones técnicas generales requeridas. | Cuando por la naturaleza de una nueva Central Eléctrica o Centro de Carga se requiera establecer características específicas de la infraestructura requerida, establecer dichas características para cada caso particular. |
| Instruir a los Transportistas y los Distribuidores la celebración del contrato de interconexión o de conexión y la realización de la interconexión de las Centrales Eléctricas o conexión de los Centros de Carga a sus redes. | Calcular las aportaciones que los interesados deberán realizar por la construcción de obras, ampliaciones y modificaciones de transmisión y distribución cuando los costos no se recuperen a través del cobro de las Tarifas Reguladas y otorgar los Derechos Financieros de Transmisión que correspondan. |
| Administrar los Derechos Financieros de Transmisión en los términos que establezcan las Reglas del Mercado. | Evaluar la conveniencia técnica de que las Redes Particulares se integren a la Red Nacional de Transmisión y las Redes Generales de Distribución. |
| Desarrollar y llevar a cabo la capacitación para los Participantes del Mercado, las autoridades, y otras personas que la requieran. | Someter a la autorización de la CRE los modelos de convenios y contratos que celebrará con los Transportistas, los Distribuidores y los Participantes del Mercado, entre otros. |
| Celebrar los convenios y contratos que se requieran para la operación del Mercado Eléctrico Mayorista. | Exigir las garantías necesarias para asegurar el cumplimiento de las obligaciones de los Participantes del Mercado. |
| Restringir o suspender la participación en el Mercado Eléctrico Mayorista a quienes incurran en incumplimientos graves, en los términos de las Reglas del Mercado, e instruir la suspensión del servicio de los Usuarios Calificados Participantes del Mercado por incumplimiento de sus obligaciones de pago o de garantía | Promover mecanismos de coordinación con los integrantes de la industria eléctrica para mantener y restablecer el suministro de energía del sistema eléctrico en caso de accidentes y contingencias |

| FACULTADES DE LA COMISIÓN NACIONAL DE CONTROL DE ENERGÍA | |
|---|---|
| Requerir información a los Participantes del Mercado necesaria para el cumplimiento de sus funciones. | Publicar informes sobre el desempeño y evolución del Mercado Eléctrico Mayorista con la periodicidad y en los términos que se determinen por la CRE. |
| Participar en comités consultivos para la elaboración de proyectos de normalización sobre bienes o servicios relacionados con su objeto. | Mantener la seguridad informática y actualización de sus sistemas que le permitan cumplir con sus objetivos. |
| Coordinar actividades con los organismos o autoridades que sean responsables de operar los mercados y sistemas eléctricos en el extranjero y, con la autorización de la Secretaría, celebrar convenios con los mismos. | Las demás que La ley de la Industria Eléctrica y otros ordenamientos jurídicos le confieran en la materia. |

Tabla 11. Elaboración propia.

## 3.5. COMISIÓN NACIONAL DE ENERGÍA

La Reforma Constitucional de 2024 dio paso a la Tercera Ola de órganos reguladores, en este caso a la creación de la Comisión Nacional de Energía que sustituye a la Comisión Reguladora de Energía. La iniciativa de Ley de la Comisión Nacional de Energía en su artículo 2 la define de la siguiente manera:

> La Comisión Nacional de Energía, como órgano de carácter técnico, sectorizado a la Secretaría de Energía, cuenta con independencia técnica, operativa, de gestión y de decisión en los términos de esta Ley. Tiene por objeto regular, supervisar e imponer sanciones en las Actividades en materia energética, con el fin de promover su desarrollo ordenado, continuo y seguro de las actividades del sector energético de conformidad con la planeación vinculante en el ámbito de su competencia.

Algunas diferencias entre la Comisión Reguladora de Energía y la Comisión Nacional de Energía son:

| COMISIÓN REGULADORA DE ENERGÍA<br>**Art. 1.– Reglamento de la Comisión Reguladora de Energía** | COMISIÓN NACIONAL DE ENERGÍA<br>**Art. 2.– De la Comisión Nacional de Energía** |
|---|---|
| Es una dependencia de la Administración Pública Federal centralizada, con carácter de Órgano Regulador Coordinado en Materia Energética. | Es un órgano de carácter técnico, sectorizado a la Secretaría de Energía. |
| Se le dotó de autonomía técnica, operativa y de gestión. | Cuenta con independencia técnica, operativa, de gestión y de decisión en los términos de su Ley. |
| personalidad jurídica propia y capacidad para disponer de los ingresos que deriven de las contribuciones y contraprestaciones establecidas por los servicios que preste conforme a sus atribuciones y facultades. | No cuenta con personalidad jurídica propia. |

Tabla 12. Elaboración Propia.

Las atribuciones de la Comisión Nacional de Energía en el Sector Eléctrico son las siguientes:

| ATRIBUCIONES DE LA COMISIÓN NACIONAL DE ENERGÍA EN EL SECTOR ELÉCTRICO | |
|---|---|
| Emitir la metodología para determinar las tarifas y contraprestaciones del sector y realizar el seguimiento de costos, previa opinión favorable de la Secretaría. | Evaluar la productividad y eficiencia de la empresa pública del Estado, Comisión Federal de Electricidad. |
| Analizar la ejecución y evolución de los subsidios a la tarifa eléctrica de suministro básico y cualquier otro que se establezca. | Otorgar, modificar, terminar y supervisar los permisos de generación y comercialización de energía eléctrica, así como emitir las autorizaciones y actos administrativos vinculados al sector, que se requieran. |

| ATRIBUCIONES DE LA COMISIÓN NACIONAL DE ENERGÍA EN EL SECTOR ELÉCTRICO | |
|---|---|
| Regular, otorgar y llevar un registro certificados de energías limpias que contenga al menos la información de los otorgados, de usuarios calificados que los emiten y de los usuarios finales obligados a adquirirlos, así como vigilar y supervisar su cumplimiento.<br>La Comisión debe remitir las actualizaciones del registro de certificados de energía limpia de manera mensual a la Secretaría. | Regular, previa opinión favorable de la Secretaría, las tarifas para suministro básico, la transmisión, la distribución, la operación del Centro Nacional de Control de Energía y los servicios conexos no incluidos en el mercado eléctrico mayorista, así como las demás a que se refiera la Ley del Sector Eléctrico. |
| Promover el desarrollo ordenado, continuo y seguro de las actividades de generación de electricidad, los servicios públicos de transmisión y distribución eléctrica, y la comercialización de electricidad. | Vigilar y supervisar el mercado eléctrico mayorista. |
| Las demás que le confieran esta Ley y otros ordenamientos jurídicos aplicables, así como las que le delegue la Secretaría relacionadas con el sector. | |

Tabla 13. Elaboración propia.

La Comisión Nacional de Energía será dirigida por una Dirección General. El Director General será nombrado y removido por el Titular del Poder Ejecutivo y será ratificada por la Cámara de Senadores. La Comisión Nacional de Energía contará con un Comité Técnico el cual es un órgano colegiado que cuyo objeto es conocer, opinar, analizar, evaluar, dictaminar y aprobar los actos jurídicos o administrativos que emita la Comisión en el ámbito de su competencia.

El Comité Técnico se integrará por las personas titulares de la Secretaría de Energía, que lo presidirá y tendrá voto de calidad, la Subsecretaría de Electricidad de la Secretaría, la Subsecretaría de Hidrocarburos de la Secretaría, la Unidad de Electricidad de la Comisión; la Unidad de Hidrocarburos de la Comisión y tres personas expertas técnicas del sector energético.

| ATRIBUCIONES DEL COMITÉ TÉCNICO | |
|---|---|
| Aprobar los actos y resoluciones con carácter técnico y operativo de las Actividades en materia energética. | Aprobar la regulación y disposiciones administrativas de carácter general que requiere la Comisión para el ejercicio de sus atribuciones. |
| Emitir resoluciones, acuerdos, directivas, bases y dictámenes de carácter técnico. | Aprobar el otorgamiento, modificación, actualización, revocación y extinción de permisos, autorizaciones, así como emitir los demás actos administrativos relacionados con las Actividades en materia energética, en el ámbito de competencia de la Comisión. |
| Aprobar el otorgamiento, revocación y extinción de los permisos de generación y comercialización de energía eléctrica, así como las autorizaciones y actos administrativos regulados por la normatividad aplicable al sector eléctrico. | Aprobar el programa anual de visitas de verificación, inspección o supervisión de las Actividades en materia energética de la Comisión en el ámbito de su competencia. |
| Proponer a la Secretaría las actualizaciones al marco jurídico del sector, en el ámbito de su competencia. | Aprobar la metodología para determinar las tarifas y contraprestaciones del sector energético y realizar el seguimiento de costos que le correspondan. |
| Conocer las tarifas a las que se deben sujetar el suministro básico, la transmisión, la distribución, la operación del Centro Nacional de Control de Energía y los servicios conexos no incluidos en el mercado eléctrico mayorista, así como las demás a que se refiera la Ley del Sector Eléctrico. | Aprobar la regulación de las contraprestaciones, precios y tarifas de las actividades del sector hidrocarburos. |
| Conocer la evaluación de la productividad y eficiencia de las empresas públicas del Estado y, en su caso, emitir las recomendaciones respectivas. | Aprobar los nombramientos de las dos personas de jerarquías inmediatas inferiores al de la persona titular de la Dirección General de la Comisión. |
| Aprobar y expedir, a propuesta de la persona titular de la Dirección General, sus reglas de operación. | Las demás que le confieran esta Ley y otros ordenamientos jurídicos aplicables, así como las que le sean delegadas por la Secretaría. |

Tabla 14. Elaboración propia.

## *Capítulo 4*

# *La Suprema Corte de Justicia de la Nación y la Reforma a la Ley de la Industria Eléctrica 2021*

El 8 de abril de 2021, 48 Senadores presentaron Acción de Inconstitucionalidad en contra del Decreto por el que se reforman y adicionan diversas disposiciones de la Ley de la Industria Eléctrica, publicado el 9 de marzo de 2021 en la edición vespertina del Diario Oficial de la Federación. En este capítulo se analizarán algunos puntos relacionados con la acción de inconstitucionalidad ya que desarrollarlos todos correspondería a otro trabajo.

Si bien posteriormente se dio una Reforma Constitucional, consideramos de importancia el análisis de algunos puntos ya que nos permiten ver los argumentos jurídicos esgrimidos por la Suprema Corte de Justicia de la Nación.

## 4.1. ACCIÓN DE INCONSTITUCIONALIDAD 64/2021

En la Demanda presentada por un grupo de legisladores, se indica que la reforma legislativa es violatoria de los siguientes artículos[111]: 1°; 4°, párrafos cuarto y quinto; 14; 25, párrafo quinto; 27, párrafo sexto; 28, párrafos primero, cuarto y octavo; 133; y, décimo transitorio del decreto de reforma constitucional en materia energética de 20 de diciembre de 2013, además del objeto y fin del Acuerdo de París de 12 de diciembre de 2015, publicado en el Diario Oficial de la Federación el 4 de noviembre de 2016.

---

111 ACCIÓN DE INCONSTITUCIONALIDAD 64/2021, p. 2.

Los conceptos de violación son 8 que en sus ideas centrales sostienen lo siguiente[112]:

a) Las disposiciones impugnadas favorecen prácticas monopólicas a favor de la Comisión Federal de Electricidad.

b) Se viola el derecho a un medio ambiente sano y a la salud.

c) Se viola el principio de irretroactividad de la Ley.

d) Se invade la esfera competencial de la Comisión Reguladora de Energía.

e) Se violan el artículo 133 constitucional; así como el Tratado Integral y Progresista de Asociación Transpacífico (TIPAT) y el Tratado entre los Estados Unidos Mexicanos, los Estados Unidos de América y Canadá (TMEC).

f) Vulnera los derechos humanos a: mínimo vital (vida digna), derecho una vivienda digna y decorosa, salud, alimentación, libre esparcimiento, gozar de los adelantos tecnológicos y acceso a internet.

g) Se viola el principio de proporcionalidad como test para determinar la razonabilidad de los actos de autoridad que restringen derechos.

h) Se atenta contra los principios del Sistema Eléctrico Nacional establecidos en los artículos 25, 26 y 28 constitucionales y en su respectivo régimen transitorio.

Nuevamente la Suprema Corte de Justicia de la Nación interviene a fin de determinar la constitucionalidad o no de normas relacionadas con la energía eléctrica como anteriormente hemos relatado sucedió en el Sexenio de Vicente Fox Quesada a diferencia de aquella ocasión en esta fue mediante reformas a la Ley no a un Reglamento. Otra diferencia fue que la Corte en aquella época era novel en el conocimiento de los nuevos medios de control constitucional, y al momento de conocer de este asunto ya se tenía dos décadas de trabajo en ese sentido.

---

112 Ibidem, pp. 2 a 12 .

La Suprema Corte de Justicia de la Nación estableció en primer término el análisis de lo que la parte accionante consideró eran contenidos violatorios de la libre competencia y concurrencia, a saber, son los siguientes

a) Contratos de Cobertura Eléctrica con Compromiso de Entrega Física; establecimiento de costos de producción tomando en cuenta el valor unitario;

b) Acceso abierto a la Red Nacional de Transmisión y Redes Generales de Distribución; contratos legados para el suministro básico;

c) Agrupación de los solicitantes de interconexión de Centrales Eléctricas o Centros de Carga para la realización de las obras, ampliaciones o modificaciones;

d) Criterios para mantener la Seguridad de Despacho, Confiabilidad, Calidad y Continuidad del Sistema Eléctrico Nacional y Central Eléctrica Legada.

## 4.2. CONTRATOS DE COBERTURA DE ENTREGA FÍSICA

Los Contratos de Cobertura de Entrega Física forman parte de varias porciones normativas de la Ley de la Industria Eléctrica Nacional pero principalmente en el artículo 3 fracción XII y el artículo 3 fracción XII bis. La Corte definió a estos contratos de la siguiente manera[113]:

> (...) es un contrato en el que el generador se compromete inyectar la energía generada a la red en las fechas y horas que se hubiesen pactado; en ese sentido, no implica que la cobertura sea continua o permanente, sino que se entrega de conformidad con un programa acordado entre las partes, lo cual puede ser a una hora especifica, para que se garantice el despacho de energía en determinados momentos.

[113] Ibidem, p. 61, párrafo 86.

Esta carga a los particulares implica que se tenga la capacidad para generar la energía eléctrica a un horario determinada ya que la demanda de energía tiene variaciones en el día y existen "picos de demanda de energía" en los cuales es necesario se introduzca mayor energía en el Sistema Eléctrico Nacional para garantizar la continuidad del servicio.

La necesidad de "inyectar" energía eléctrica modificó también la prelación del orden de despacho en la Ley de la Industria Eléctrica, al respecto la Suprema Corte de Justicia de la Nación puntualiza en los párrafos 89 y 90[114] de la Sentencia que previo a la reforma se priorizaba a las energías con bajo costo de producción como la energía eólica y la solar; sin embargo, éstas son intermitentes por lo que es necesario una Central de Respaldo a fin de garantizar la continuidad del suministro eléctrico.

La Corte considera que los Contratos de Cobertura de Entrega Física es una forma que el legislador buscó a fin de mantener la continuidad en el Servicio Eléctrico[115], por lo que concluyó que este tipo de contratos no resultaban violatorios de la libre competencia y concurrencia.

El Tribunal en Pleno de la Suprema Corte de Justicia de la Nación entra al estudio de los Contratos de Cobertura Eléctrica con Compromiso de Entrega Física[116] y concluye que toda vez que la reforma de diciembre de 2013 permitió que los particulares participaran en

---

114 89. Como ya se mencionó, el orden de despacho que existía antes de la reforma priorizaba en primer lugar a aquellas energías cuyos costos variables fueran menores en el mercado, siendo éstas, principalmente, la eólica y la solar. 90. Al respecto este Máximo Tribunal ya reconoció que "la energía obtenida de las fuerzas de la naturaleza, las llamadas energías renovables, requieren de centrales de respaldo en tanto que el recurso que utilizan no se produce todo el tiempo, por lo que necesitan de otras fuentes de apoyo para garantizar la generación de electricidad de manera continua. Ello, pues las energías limpias tienen la particularidad de ser intermitentes en razón de los propios recursos de las que se obtienen, como el sol y el viento, por ejemplo, de forma que cuando el sol no brilla o el viento no se produce necesitan de centrales de respaldo".

115 Ob. cit. Párrafos 91, 92, 96, pp. 62-66.

116 Ibidem, pp. 65 a 67.

el mercado de comercialización de energía eléctrica como Suministradores de Servicios Básicos les es exigible que garanticen la continuidad del despacho de energía y que esto se da mediante los Contratos de Cobertura Eléctrica con Compromiso de Entrega Física.

Estos contratos explica la Corte[117] no son exclusivos de la Comisión Federal de Electricidad a través de su subsidiaria respectiva sino que es una carga que también tiene el Suministrador de Servicios Básicos cuando un generador no cumple con la entrega de la cantidad de energía pactada y que la modalidad de entrega física es idéntica a la carga que tienen los Contratos de Cobertura Eléctrica los cuales en caso de que los generadores no entreguen la cantidad de energía pactada pueden conseguirlo con terceros o bien pagar por la falta de entrega.

La Suprema Corte concluye que las exigencias en cuanto al compromiso de la entrega de energía eléctrica son comunes en otras latitudes como en España[118] y que este compromiso no implica una carga excesiva a los generadores de energía eléctrica ni tampoco es

---

[117] 106. En este sentido, no es acertado decir que la inclusión de los citados contratos en la ley implique que única y exclusivamente pueda celebrarlos la Comisión Federal de Electricidad a través de su subsidiaria respectiva. 107. Por otro lado, la parte accionante alega que, por su naturaleza, la Comisión Federal de Electricidad es la única empresa del Mercado Eléctrico Mayorista que puede comprometer la entrega física de energía, lo cual le otorgaría una ventaja indebida, posicionándola como la única competidora del mercado. 108. Lo anterior resulta infundado, pues la entrega física no implica una carga excesiva para los generadores. Para explicar lo anterior, se debe tener en cuenta que, bajo un Contrato de Cobertura Eléctrica sin la modalidad de entrega física, como operan actualmente en el mercado, si un generador no entrega la cantidad de energía pactada, el Suministrador de Servicios Básicos es quien debe asumir la responsabilidad de conseguir dicha energía para poder satisfacer la demanda de los consumidores. 109. Ergo, la obligación que conlleva la modalidad de entrega física es prácticamente idéntica a la que se obtiene con los Contratos de Cobertura Eléctrica actuales, con la salvedad de que los generadores deben asegurar la entrega de energía pactada, aún si ello implica conseguirla con un tercero, pues sin la modalidad de entrega física se permite que éstos realicen un pago a falta de entrega de electricidad.

[118] Ibidem párrafos 110 a 112.

necesario que una infraestructura extensa, por lo que no se puede considerar que exigir dicha entrega sea violatorio de la libre competencia y concurrencia.

Al concluir lo anterior la Suprema Corte de Justicia de la Nación validó esa porción de la reforma legal al no ser una carga excesiva para los generadores, además de que eso contribuye al Sistema Eléctrico Nacional ya que obliga que los participantes se hagan responsables de la entrega de energía, caso contrario se pierde la continuidad del Sistema Eléctrico Nacional, consideramos que aquí el Estado recupera la rectoría del Sistema Eléctrico Nacional ya que solo quienes pueden garantizar la entrega de energía estarán en el mercado de la energía eléctrica.

## 4.3. ACCESO ABIERTO A LA RED NACIONAL DE TRANSMISIÓN Y REDES GENERALES DE DISTRIBUCIÓN

La factibilidad técnica para garantizar el acceso abierto a la Red Nacional de Transmisión y a las Redes Generales de Distribución, fue otro tema de estudio por parte de la Suprema Corte de Justicia de la Nación dicha modificación está contemplada en la fracción primera del artículo 4° de la Ley de la Industria Eléctrica.

El grupo de legisladores promoventes argumentó en su escrito de demanda que la condición de conectarse a la Red Nacional de Transmisión y las Redes Generales de Distribución previa valoración de si es técnicamente factible constituye una barrera a la libre competencia. Los argumentos centrales son 4 a saber son los siguientes:

1. La garantía del acceso a libre y no indebidamente discriminatorio es fundamental para la libre competencia.
2. El acceso abierto y la operación eficiente son elementos constitucionales para delimitar el mercado eléctrico y ese mandato recae en la Secretaría de Energía.

3. La Comisión Federal de Electricidad es dueña de las redes, pero sobre ella recaen obligaciones constitucionales y legales de acceso abierto y no discriminatorio a las mismas.
4. Al otorgar al Centro Nacional de Control de Energía la facultad de acceso cuando sea técnicamente factible se violenta la regla general de acceso abierto.

El Tribunal en Pleno de la Suprema Corte de Justicia de la Nación puntualiza en primer término que el Estado tiene el control y la planeación del Sistema:

> 136. Así, del marco legal que se desarrolló debe decirse que el Estado tiene el control y la planeación sobre el Sistema Eléctrico Nacional, el cual, en lo que interesa, se encuentra conformado por la Red Nacional de Transmisión, así como las Redes Generales de Distribución, las cuales son indispensables para desarrollar las actividades de la transmisión y distribución de la energía eléctrica, esto es, se encarga de desplegar a todo el país las funciones del Servicio Público de Transmisión y Distribución de Energía Eléctrica.

La Suprema Corte de Justicia de la Nación establece que tanto la planeación y el control del Sistema Eléctrico Nacional como el Servicio Público de Transmisión y Distribución de energía eléctrica son actividades estratégicas y exclusivas del Estado a partir de una interpretación sistemática de los artículos 25, 27 y 28 de la Constitución. Que, si bien el Estado presta el servicio exclusivo de transmisión y distribución de la energía eléctrica, a partir de la reforma de 2013 existen particulares que participan en el mercado de la generación y suministro de energía[119].

Al entrar al análisis sobre si se permite la discriminación en el acceso a la Red Nacional de Transmisión y a las Redes Generales de Distribución, la Corte concluye que el transitorio el artículo Décimo Sexto Transitorio de la reforma constitucional de 2013 lo permite, pero bajo una justificación que respalde legalmente este hecho. Es decir, se puede dar un trato diferenciado a los generadores y suministradores de energía debido a una cuestión técnica. Por lo que con-

---

[119] Ídem.

cluye que es constitucionalmente válido negar la conexión cuando existe una causa fundada[120].

La Suprema Corte de Justicia de la Nación respalda que el Centro Nacional de Control de Energía cuenta con atribuciones y que estas no son arbitrarias, ya que cuenta con parámetros señalados en la ley, estos son eficiencia, calidad, confiabilidad, continuidad, seguridad y sustentabilidad, además somete a la autorización de la Comisión Reguladora de Energía las especificaciones técnicas generales requeridas para la interconexión de nuevas centrales eléctricas y la conexión de nuevos centros de carga.

La Corte concluyó que las reformas a la Ley de la Industria Eléctrica no generan el quebrantamiento al acceso a la Red Nacional de Transmisión y las Redes Generales de Distribución, sino que es un parámetro legislativo adecuado para garantizar que quienes puedan conectarse cuenten con los criterios que la autoridad fije para hacerlo en este caso el Centro Nacional de Control de Energía con la autorización de la Comisión Reguladora de Energía.

Esto resuelto por la Corte es importante ya que los parámetros señalados para la interconexión también son criterios, a saber, son Seguridad de Despacho, Confiabilidad, Calidad y Continuidad del Sistema Eléctrico Nacional, al garantizar que se cumplan estos principios consideramos que se busca la Soberanía Energética.

## 4.4. CONTRATOS LEGADOS PARA SUMINISTRO BÁSICO

Los Contratos Legados para Suministro Básico es otro tema resuelto por la Suprema Corte de Justicia de la Nación, al respecto, se señaló por parte de la parte accionante que la reforma da una ventaja que violenta el principio de libre competencia y concurrencia.

El Tribunal explica la distinción de qué es una central legada y concluye que éstas son centrales eléctricas que existían antes de la

---

120 Ibidem pp. 76 y 77.

reforma de 2014 y que hay de dos tipos, las que son propiedad del Estado y las que no lo son[121]. La parte promovente señaló que los Contratos Legados para el Suministro Básico contemplados en el artículo 3, fracción XIV privilegia a las Centrales propiedad del Estado.

Posteriormente señala que la adición "con compromiso de entrega física" no supone una ventaja para las centrales propiedad del Estado, de igual forma señala que tampoco lo es el hecho de priorizar la entrega física ya que eso puede resultar en un incentivo para otros agentes competitivos en el mercado, así lo explica[122]:

> 179. En ese sentido, no se puede concluir que lo referente a las Centrales Eléctricas Legadas o Centrales Externas Legadas implique un beneficio indebido a un sector del mercado que desplace a los demás competidores. Esto, pues el artículo incluye tanto a las Centrales Eléctricas Legadas, las cuales son propiedad de los organismos, entidades o empresas del Estado y, las Centrales Externas Legadas, las cuales se refieren a aquellas en que participan los productores independientes.
>
> 180. Adicionalmente, la cuestión de priorizar la entrega física persigue el fin jurídicamente válido de vigilar la seguridad de despacho de energía eléctrica, como ya se había señalado. Además, priorizar este tipo de contratos funciona como incentivo para la participación de más agentes del mercado bajo la figura de Suministradores de Servicio Básico, nicho que anteriormente había sido relegado por los participantes.

Al tener el compromiso de la entrega física para los dos tipos de Centrales Legadas no existe una ventaja para las del Estado ya que la obligación es para las centrales legadas como las externas legadas, de esta forma se verifica la capacidad instalada y verificable de las centrales. La Corte concluyó la reforma no constituye una violación al principio de libre competencia y concurrencia. Esta porción normativa fortalece la Calidad, Confiabilidad, Continuidad y Seguridad del Sistema Eléctrico ya que se tiene certeza de la capacidad instalada y verificable de las centrales y no son centrales constituidas, pero sin capacidad de generación de la energía comprometida.

El artículo 35, primer párrafo, de la Ley de la Industria Eléctrica reformado mediante el Decreto publicado en el Diario Oficial de la

---

[121] Ibidem, p. 81.

[122] Ibidem 82 y 83.

Federación el 9 de marzo de 2021, contempla la agrupación de los solicitantes de interconexión de Centrales Eléctricas o Centros de Carga para la realización de las obras, ampliaciones o modificaciones. Esto fue impugnado ya que se argumentó que se distorsionaba las condiciones del mercado eléctrico.

Al respecto el Tribunal en Pleno de la Suprema Corte de Justicia de la Nación señaló que incluso antes de la reforma de 2021 esto se contemplaba en la ley anterior y que la reforma lo que hizo fue ampliar las posibilidades de los sujetos regulados para absorber conjuntamente los costos de las obras, ampliación o modificaciones necesarias y que esto significa una ventaja para los sujetos regulados[123].

El Tribunal en Pleno de la Suprema Corte de Justicia de la Nación concluyó lo siguiente sobre la reforma al artículo 35, primer párrafo, de la Ley de la Industria Eléctrica al reconocer su validez[124]:

> 194. Como se mencionó, dicha modificación tiene como efecto la ampliación de las posibilidades con que ya contaban los generadores, generadores exentos, usuarios finales y/o los solicitantes para la interconexión de las Centrales Eléctricas y la conexión de los Centros de Carga, otorgándoles la posibilidad de agruparse a fin de realizar a su costa las obras, ampliaciones o modificaciones necesarias para la interconexión o conexión que no se incluyan en los programas de ampliación y modernización de la Red Nacional de Transmisión y las Redes Generales de Distribución, o bien, a hacer aportaciones conjuntamente a los transportistas o a los distribuidores para su realización y beneficiarse de las mismas.

Estas modificaciones relatadas fueron validadas por la Suprema Corte de Justicia de la Nación desde nuestro punto de vista redirigen la Industria Eléctrica Nacional si bien, se sigue permitiendo a los particulares participar bajo las modalidades que surgieron con las Reformas Legislativas de la década de los noventa, también lo es que ahora los participantes tienen cargas legales para que sea efectivo el compromiso de entrega de energía.

---

123 Cfr. ACCIÓN DE INCONSTITUCIONALIDAD 64/2021 Cfr. Párrafos 190 y 191.

124 Ob. cit., p. 86.

Estos cambios legales validados por la Suprema Corte de Justicia de la Nación representan un cambio a fin de garantizar la energía eléctrica bajo un Estado que rige la Industria Eléctrica Nacional. Consideramos que esto contribuye a la Seguridad Energética que es un rubro que constituye la Soberanía Energética. En el mismo sentido el no permitir que cualquier participante del mercado se puede conectar sino cuando sea técnicamente viable contribuye a la eficiencia, calidad, confiabilidad, continuidad, seguridad y sustentabilidad del Sistema Eléctrico Nacional.

# *Conclusión*

La Industria Eléctrica ha tenido una evolución desde su inicio en México en manos de particulares extranjeros a la nacionalización de esta, este primer período fue acompañado de reformas legales para permitir primero la participación de particulares extranjeros y posteriormente para que el Estado Mexicano se hiciera de la Industria. Las Reformas legales que se han dado desde finales del siglo XX han direccionado el modelo de la industria eléctrica hacia uno mixto en el que participa del Estado y los particulares. La inclusión de particulares bajo modelos determinados se generó a raíz de la necesidad impulsar el desarrollo de la Industria Eléctrica Nacional pero era necesario garantizar que sus centrales produjeran la energía pactada.

En la década de los noventa, en los años de 1993 se crea la Comisión Reguladora de Energía y en 1995 se fortalece, con lo que se da a paso a un incipiente modelo de Estado Regulador. La Reforma Constitucional de 2013 dio paso a un modelo de Estado Regulador con la participación de varios actores en el mercado de la Industria Eléctrica Nacional esto con la finalidad de tener mejores costos de compra de energía eléctrica. El modelo de Estado regulador en un régimen de libre competencia se fortaleció a partir de las reformas de 2013 en donde se crea otra institución de regulación, el Centro Nacional de Control de Energía lo que constituye una Segunda Ola de instituciones reguladoras de Energía.

La tercera Ola de instituciones reguladoras de Energía se abre con la Comisión Nacional de Energía que es un órgano de carácter técnico sectorizado a la Secretaría de Energía y con competencia en materia de hidrocarburos y de energía eléctrica.

En la Reforma Constitucional de 2024 a los artículos 25, 27 y 28 se regresó al esquema de sectores estratégicos, esta reforma y su legislación secundaria han introducido al derecho mexicano dos términos sumamente interesantes de los cuales se da cuenta en este trabajo, nos referimos a la Justicia Energética y a la Pobreza Energética. Hemos señalado que la energía eléctrica constituye un elemento que materializa derechos humanos, por citar algunos, el derecho a una vivienda digna, a una sana alimentación, a la educación entre otros

El Modelo que desee impulsarse en materia energética debe tener una base constitucional que oriente la legislación y la política pública. Un Estado Garante de la Energía Eléctrica debe tener la capacidad de generación, transmisión y distribución de energía para una población creciente, así como para la industria nacional y extranjera asentada en México, pero también de generar esa energía procurando el menor daño al medio ambiente. Por tal motivo es relevante que el Estado Mexicano sea quien encabece esta transición

En cuanto a la Soberanía Energética, este es un concepto que puede tener múltiples interpretaciones por lo que quizá se construye mejor a partir de las particularidades de una nación. La Soberanía Energética de México se impulsa a partir de Reformas Constitucionales o legales que se encaminen a la eficiencia de la Industria Eléctrica Nacional pero en armonía con la economía nacional y con respeto a los derechos humanos.

La participación de la Suprema Corte de Justicia de la Nación en materia energética se ha dado desde inicios del siglo XXI; esto se relaciona en cuanto a que el Titular del Poder Ejecutivo dejó de ser el árbitro en toda controversia y se dio paso a la intervención de la Suprema Corte de Justicia de la Nación. Los criterios aportados por la Corte son relevantes ya que con reformas a la Ley de la Industria Eléctrica se trató de redefinir el mercado eléctrico, si bien, posteriormente con la Reforma Constitucional que atañe al sector eléctrico se logró el cambio que se buscó por vías legales, la resolución de la Acción de Inconstitucionalidad 64/2021 nos permite ver la evolución jurídica de las normas relacionadas con la energía eléctrica.

# *Bibliografía*


Ampudia Mello, Sergio. "La Ordenación Jurídica de la Energía en México" Tesis para Obtener el Grado de Doctor en Derecho.. UNAM 2024.Disponible en http://132.248.9.195/ptd2024/ene_mar/0852318/Index.html

Anglés Hernández, Marisol y Bolívar Meza, M. Laura. Análisis de la iniciativa de reformas a las industrias estratégicas del Estado: antecedentes y alcances. En López Ayllón, Sergio, Orozco Henríquez, José de Jesús, Salazar Ugarte, Pedro, Valadés, Diego, Coordinadores. Análisis técnico de las 20 iniciativas de reformas constitucionales y legales presentadas por el presidente de la República (febrero 5, 2024) disponible en https://biblio.juridicas.unam.mx/bjv/detalle-libro/7483-analisis-tecnico-de-las-20-iniciativas-de-reformas-constitucionales-y-legales-presentadas-por-el-presidente-de-la-republica-febrero-5-2024

Bas Vilizzio, Magdalena. Hacia la soberanía regulatoria. Protección del espacio de política pública y solución de controversias inversor – Estado.. Biblioteca Plural, Universidad de la República de Uruguay.

Cárdenas Gracia, Jaime. Marco Constitucional del Derecho Energético en Aportes sobre la configuración del derecho energético en México. Coordinadores Anglés Hernández, Marisol y Palomino Guerrero, Margarita. Disponible en https://biblio.juridicas.unam.mx/bjv/detalle-libro/5846-aportes-sobre-la-configuracion-del-derecho-energetico-en-mexico

Cárdenas, Jaime La reforma constitucional en materia energética..en Documentos de trabajo del Instituto de Investigaciones Jurídicas, UNAM.. 2014. http://ru.juridicas.unam.mx/xmlui/handle/123456789/13477

Cárdenas, Jaime. El derecho soberano a la regulación interna: el caso de la energía eléctrica desde la Constitución y el T-MEC disponible en https://revistas.juridicas.unam.mx/index.php/hechos-y-derechos/article/view/16992/17538

Carmona Díaz de León Eugenia Paola, EL ACCESO A LA ENERGÍA ELÉCTRICA COMO DERECHO HUMANO, disponible en https://www.eld.edu.mx/Revista-de-Investigaciones-Juridicas/RIJ-47/Capitulos/2.-EL-ACCESO-A-LA-ENERGIA-ELECTRICA-COMO-DERECHO-HUMANO.pdf

Carré de Malberg, Raymond.; trad. José Luis Lión Depetre. Teoría General del Estado. Fondo de Cultura Económica. México. 2 edición, 4 reimpresión, 2022.

Comisión Federal de Electricidad. La Nacionalización de la Industria Eléctrica en México. 1961, p. 17 disponible en https://repositorio.cepal.org/server/api/core/bitstreams/a294fb6b-3bb9-413b-8a3b-263ef0744a40/content

El derecho soberano a la regulación interna: el caso de la energía eléctrica desde la Constitución y el T-MEC disponible en https://revistas.juridicas.unam.mx/index.php/hechos-y-derechos/article/view/16992/17538

Felipe Gutiérrez; Diego di Risio; compilado por Felipe Gutiérrez; Diego di Risio. - 1a ed. - Ciudad Autónoma de Buenos Aires: Ediciones del Jinete Insomne, 2018.

Gutiérrez R. Roberto. Reformas estructurales de México en el sexenio de Felipe Calderón: la energética. Disponible en http://revistaeconomia.unam.mx/index.php/ecu/article/view/72/71

Hernández Ochoa, César Emiliano. LA NUEVA CONSTITUCIÓN ENERGÉTICA MEXICANA Y SU IMPLEMENTACIÓN en Cien ensayos para el centenario. Constitución Política de los Estados Unidos Mexicanos, tomo 2: Estudios jurídicos. Disponible en https://biblio.juridicas.unam.mx/bjv/detalle-libro/4319-cien-ensayos-para-el-centenario-constitucion-politica-de-los-estados-unidos-mexicanos-tomo-2-estudios-juridicos

Hernández Ochoa, César Emiliano. Opinión técnica sobre la iniciativa presidencial de reforma energética del 5 de febrero de 2024. En López Ayllón, Sergio

Jellinek, Georg; traducción y prólogo Fernando de los Ríos. Teoría General del Estado. Fondo de Cultura Económica. México. 2 reimpresión. 2004.

Jiménez Domínguez, Rolando y Navarro Chávez José. La reforma del sector eléctrico mexicano y el modelo británico: ideas para un debate disponible en https://www.mundosigloxxi.ipn.mx/pdf/v03/10/05.pdf

Jiménez Domínguez, Rolando y Navarro Chávez José. La reforma del sector eléctrico mexicano y el modelo británico: ideas para un debate disponible en https://www.mundosigloxxi.ipn.mx/pdf/v03/10/05.pdf

La Reforma al Sector Energético en México: la propuesta del Ejecutivo y la Reforma Aprobada por el Legislativo. Centro de Estudios de las Finanzas Públicas, Cámara de Diputados. CEFP/104/2008. Diciembre 2008.

Laise, L. y Manzo-Ugas, J. (2021). 'Nosotros, el pueblo': apuntes sobre la evolución del concepto de soberanía en el constitucionalismo iberoamericano. Jurídicas CUC. Disponible en https://doi.org/10.17981/juridcuc.17.1.2021.10

Mazucatto, Mariana. El Estado Emprendedor. Mitos del sector público frente al privado. 3 edición. RBA Libros

Orozco Henríquez, José de Jesús, Salazar Ugarte, Pedro, Valadés, Diego, Coordinadores. En análisis técnico de las 20 iniciativas de reformas constitucionales y legales presentadas por el presidente de la República (febrero 5, 2024) disponible en https://biblio.juridicas.unam.mx/bjv/detalle-libro/7483-analisis-tecnico-de-las-20-iniciativas-de-reformas-constitucionales-y-legales-presentadas-por-el-presidente-de-la-republica-febrero-5-2024

Ovalle Favela, José. LA NACIONALIZACIÓN DE LAS INDUSTRIAS PETROLERA Y ELÉCTRICA. Boletín Mexicano de Derecho Comparado, nueva serie, año XL, núm. 118, enero-abril de 2007.

Parra, Alma L. Los orígenes de la industria eléctrica en México: las compañías británicas de electricidad (1900-1929) disponible en https://www.estudioshistoricos.inah.gob.mx/revistaHistorias/wp-content/uploads/historias_19_139-158.pdf

Ramos Lara, María de la Paz. LA COMPAÑÍA MEXICAN LIGHT AND POWER COMPANY LIMITED DURANTE LA REVOLUCIÓN MEXICANA. Disponible en https://www.ub.edu/geocrit/Electr-y-territorio/PazRamos.pdf.

Rodríguez Padilla. VíctorSeguridad energética SEDE SUBREGIONAL DE LA CEPAL EN MÉXICO Análisis y evaluación del caso de México.

Roldán Xopa, José. La Autonomía Constitucional de los Órganos Reguladores. hacia una reconstrucción conceptual en Poderes tradicionales y órganos constitucionales autónomos.., López Olvera, Miguel Alejandro coordinador. Instituto de Investigaciones Jurídicas UNAM. Disponible en https://biblio.juridicas.unam.mx/bjv/detalle-libro/6169-poderes-tradicionales-y-organos-constitucionales-autonomos

Sánchez Tagle P.S. Gonzalo, El estado regulador en México, p. 86. INSTITUTO BELISARIO DOMÍNGUEZ, SENADO DE LA REPÚBLICA. Disponible en http://bibliodigitalibd.senado.gob.mx/bitstream/handle/123456789/4192/DGIE_cuaderno_EDO_regulador.pdf?sequence=1&isAllowed=y

Santa Rita Feregrino Rodrigo, Cinco trazos de un retrato del régimen jurídico del autoabasto de energía eléctrica disponible en https://energiahoy.com/2020/07/07/cinco-trazos-de-un-retrato-del-regimen-juridico-del-autoabasto-de-energia-electrica/ visto el 15 de mayo de 2024

Secretaría de Medio Ambiente y Recursos Naturales, Instituto Nacional de Ecología y Cambio Climático. Análisis de los Sectores Productivos con Mayor Emisión de Gases y Compuestos de Efecto Invernadero. Disponible en https://www.gob.mx/cms/uploads/attachment/file/921220/03_2024_EmisionesPorSectoresEcon_micos_290524.pdf

Silva Guzmán, Teresa. LA COMPAÑÍA EXPLOTADORA DE LAS FUERZAS HIDROELÉCTRICAS DE SAN ILDEFONSO: UNA EMPRESA ABASTECEDORA DE LUZ ELÉCTRICA EN LA CIUDAD DE MÉXICO Y SUS ALREDEDORES (1900-1906). Tesis para obtener la licenciatura en Historia 2021. Universidad Nacional Autónoma de México, Facultad de Filosofía y Letras. Colegio de Historia. Disponible en https://biblioteca.cemla.org/cgi-bin/koha/opac-detail.pl?biblionumber=25590%20thumbnail-shelfbrowser

Walsh Eduardo, Reforma Eléctrica de AMLO ¿un retroceso para México? https://www.kas.de/documents/266027/13395798/KASBlog_Semana+17_Reforma+energe%CC%81tica.pdf/04a2acc1-75bf-ed4e-9400-7b25dbae64ed?version=1.1&t=1634318566130

Xopa, José Roldán. La ordenación constitucional de la economía. Del Estado Regulador al Estado Garante. México, Fondo de Cultura Económica, 2018.

## *Leyes y Reglamentos*

- Constitución Política de los Estados Unidos Mexicanos
- Ley de la Comisión Federal de Electricidad
- Ley de la Comisión Reguladora de Energía
- Ley de la Industria Eléctrica
- Ley de los Órganos Reguladores Coordinados en Materia Energética
- Ley de Seguridad Nacional
- Ley de Transición Energética
- Ley del Servicio Público de Energía
- Ley Orgánica de la Administración Pública Federal
- Reglamento de la Ley del Servicio Eléctrico

## *Páginas de Internet*

http://legislacion.scjn.gob.mx/Buscador/Paginas/wfArticuladoFast.aspx?q=Gc42Yigwj2yC4G1XLO1RM7CLblLU/DqZPTnIvK9uLrClmHvM5e+BDbNnDY8Dt0NpzNi8kzXOOAWchKX80O3eYw==

https://archivos.diputados.gob.mx/portalHCD/archivo/INICIATIVA_PREFERENTE_01FEB21.pdf

https://dof.gob.mx/nota_detalle.php?codigo=5114004&fecha=11/10/2009#gsc.tab=0

https://dof.gob.mx/nota_detalle.php?codigo=5670045&fecha=28/10/2022#gsc.tab=0

https://fundar.org.mx/wp-content/uploads/2022/05/A-medio-camino-Balance-y-pendientes-de-la-politica-energetica-del-sexenio-2018-2024.pdf

https://gaceta.diputados.gob.mx/PDF/65/2021/oct/20211001-I.pdf

https://infosen.senado.gob.mx/sgsp/gaceta/66/1/2025-02-26-1/assets/documentos/Dict_Com_Energia_y_Est_Legs_Expide_Ley_Empresa_Publica_Edo.pdf

https://www.cfe.mx/nuestraempresa/pages/historia.aspx#:~:text=La%20primera%20planta%20generadora%20que,f%C3%A1brica%20textil%20%22La%20Americana%22.

https://www.diputados.gob.mx/bibliot/publica/inveyana/polint/cua1/expomoti.htm

https://www.diputados.gob.mx/bibliot/publica/inveyana/polint/cua1/expomoti.htm

https://www.diputados.gob.mx/LeyesBiblio//abro/lspee/LSPEE_ref04_23dic92_ima.pdf

https://www.diputados.gob.mx/LeyesBiblio/abro/lcre/LCRE_orig_31oct95.pdf

https://www.diputados.gob.mx/LeyesBiblio/pdf/LCFE.pdf

https://www.diputados.gob.mx/LeyesBiblio/pdf/LIElec.pdf

https://www.diputados.gob.mx/LeyesBiblio/pdf/LTE.pdf

https://www.diputados.gob.mx/LeyesBiblio/ref/dof/CPEUM_ref_057_29dic60_ima.pdf Nota: el 7 de enero de 1961 se hacía una fe de erratas ya para modificar "general" por generar. https://www.diputados.gob.mx/LeyesBiblio/ref/dof/CPEUM_fe_ref_057_07ene61_ima.pdf

https://www.diputados.gob.mx/LeyesBiblio/ref/dof/CPEUM_ref_102_03feb83_ima.pdf

https://www.dof.gob.mx/nota_detalle.php?codigo=4789285&fecha=04/10/1993#gsc.tab=0

https://www.dof.gob.mx/nota_detalle.php?codigo=4864678&fecha=04/01/1996#gsc.tab=0

https://www.dof.gob.mx/nota_detalle.php?codigo=5357927&fecha=28/08/2014#gsc.tab=0

https://www.dof.gob.mx/nota_detalle.php?codigo=5742012&fecha=31/10/2024#gsc.tab=0

https://www.dof.gob.mx/nota_to_imagen_fs.php?cod_diario=206369&pagina=4&seccion=0

https://www.dof.gob.mx/nota_to_imagen_fs.php?cod_diario=206369&pagina=5&seccion=0

https://www.globalenergyinstitute.org/sites/default/files/IESRI-Report_2020_4_20_20.pdf

Reforma Energética, Resumen Ejecutivo https://embamex.sre.gob.mx/suecia/images/reforma%20energetica.pdf

## *Jurisprudencias, Tesis y Sentencias*

- ACCIÓN DE INCONSTITUCIONALIDAD 64/2021
- SENTENCIA y votos concurrentes y de minoría, relativos a la Controversia Constitucional 22/2001, promovida por el Congreso de la Unión en contra del Presidente Constitucional de los Estados Unidos Mexicanos, del Secretario de Energía, de la Comisión Reguladora de Energía y del Secretario de Gobernación. Disponible en https://www.dof.gob.mx/nota_detalle.php?codigo=727597&fecha=03/06/2002
- SENTENCIA y votos concurrentes y de minoría, relativos a la Controversia Constitucional 22/2001, promovida por el Congreso de la Unión en contra del Presidente Constitucional de los Estados Unidos Mexicanos, del Secretario de Energía, de la Comisión Reguladora de Energía y del Secretario de Gobernación, p. 69. Disponible en https://www.dof.gob.mx/nota_detalle.php?codigo=727597&fecha=03/06/2002
- Tesis aislada 1a. CXLVIII/2014 (10a.)
- Tesis: 1a. CCCXVII/2014 (10a.) Fuente: Gaceta del Semanario Judicial de la Federación. Libro 10, Septiembre de 2014, Tomo I, página 574, Registro digital 2007408
- Tesis: 1a. CCCXVII/2014 (10a.) Fuente: Gaceta del Semanario Judicial de la Federación. Libro 10, Septiembre de 2014, Tomo I, página 574, Registro digital 2007408
- Tesis: 1a. CCLXXXIX/2018 (10a.) Fuente: Gaceta del Semanario Judicial de la Federación. Libro 61, Diciembre de 2018, Tomo I, página 309 Tipo: Aislada. Registro digital: 2018636
- Tesis: 1a. CCV/2015 (10a.),Fuente: Gaceta del Semanario Judicial de la Federación. Libro 19, Junio de 2015, Tomo I, página 583,Tipo: Aislada. Registro digital: 2009348
- Tesis: 1a./J. 11/2022 (11a.)Fuente: Gaceta del Semanario Judicial de la Federación. Libro 12, Abril de 2022, Tomo II, página 840 Tipo: Jurisprudencia Registro digital: 2024374

- Tesis: 2a. XLIV/2017 (10a.), Fuente: Gaceta del Semanario Judicial de la Federación. Libro 40, Marzo de 2017, Tomo II, página 1382. Tipo: Aislada Registro Digital 2013961
- Tesis: 2a. XLIV/2017 (10a.), Fuente: Gaceta del Semanario Judicial de la Federación. Libro 40, Marzo de 2017, Tomo II, página 1382. Tipo: Aislada Registro Digital 2013961
- Tesis: 2a./J. 1/2009 Fuente: Semanario Judicial de la Federación y su Gaceta. Tomo XXIX, Febrero de 2009, página 461Tipo: Jurisprudencia Registro digital: 167856
- Tesis: I.3o.C.100 K (10a.) Fuente: Gaceta del Semanario Judicial de la Federación. Libro 61, Diciembre de 2018, Tomo II, página 959. Tribunales Colegiados de Circuito. Registro digital: 2018528
- Tesis: I.3o.C.5 CS (11a.)Fuente: Gaceta del Semanario Judicial de la Federación. Libro 23, Marzo de 2023, Tomo IV, página 3850Tipo: Aislada Registro digital: 2026110
- Tesis: I.3o.C.53 C (11a.) Fuente: Gaceta del Semanario Judicial de la Federación. Libro 23, Marzo de 2023, Tomo IV, página 3849 Registro digital: 2026109
- Tesis: P. CXIV/2000. Fuente: Semanario Judicial de la Federación y su Gaceta. Tomo XII, Agosto de 2000, página 149 Tipo: Aislada Registro digital: 191360
- Tesis: P./J. 45/2015 (10a.) Fuente: Gaceta del Semanario Judicial de la Federación. Libro 25, Diciembre de 2015, Tomo I, página 38. Instancia: Pleno Registro digital: 2010672
- Tesis: P./J. 46/2015 (10a.) Fuente: Gaceta del Semanario Judicial de la Federación. Libro 26, Enero de 2016, Tomo I, página 339 Tipo: Jurisprudencia Registro digital: 2010881

tirant
PRIME

Inteligencia jurídica
en expansión

Trabajamos para
**mejorar el día a día**
del **operador jurídico**

Adéntrese en el universo
de **soluciones jurídicas**

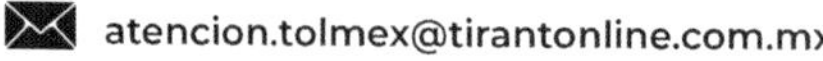


prime.tirant.com/mx/